JOACHIM HRUSCHKA

STRUKTUREN DER ZURECHNUNG

STRUKTUREN DER ZURECHNUNG

von

Joachim Hruschka

1976 Walter de Gruyter · Berlin · New York

CiP-Kurztitelaufnahme der Deutschen Bibliothek

Hruschka, Joachim
Strukturen der Zurechnung
ISBN 3-11-006648-3

Printed in Germany

Satz und Druck: Mercedes-Druck, 1 Berlin 61
Bindearbeiten: Wübben, 1 Berlin 42

Vorbemerkung

Die vorliegende Schrift ist die erweiterte Fassung einer Studie, die im Sommersemester 1975 einem rechtsphilosophischen Seminar als Diskussionsgrundlage gedient hat. Den Charakter des Vorläufigen, der ihr aufgrund ihrer Entstehung anhaftet, hat auch die Erweiterung nicht beseitigt. Er würde sich auch so schnell nicht beseitigen lassen. Aber hier liegt eine Aufgabe.

Eine genaue Analyse der Begriffe, von denen wir in unserem (Rechts-)Denken und Handeln schon immer ausgehen, wird in der Jurisprudenz selten rein betrieben. Solche Analyse muß sich freilich die Unabhängigkeit vom sogenannten positiven Gesetz bewahren. Daß das „positive Gesetz" – vermeintlich – irgendetwas „anders" sieht, ist ihr kein gültiges Argument. Auch in der Jurisprudenz ist es üblich zu argumentieren, daß ein Ergebnis, das mit irgendeiner Methode erzielt wird, „befriedigend" oder „nicht befriedigend" sei. Das wird dann oft genug nicht weiter ausgeführt. Erst eine genaue Analyse der Begriffe, die die Jurisprudenz tragen, würde es uns aber zu sagen erlauben, wann und warum ein Ergebnis eigentlich „befriedigt" oder „nicht befriedigt". Sie würde damit auch eine sachlich fundierte positive oder negative Kritik des „positiven Gesetzes" ermöglichen. Solange die Jurisprudenz – vielleicht aus einer positivistisch inaugurierten Furcht vor einer zudem naiv vorgestellten Naturrechtslehre heraus – diese Aufgabe vernachlässigt, steht sie auf dem schwankenden Boden des bloßen Rechtsgefühls und ist darüber hinaus den Angriffen jener Politideologen schutzlos preisgegeben, die sich der Frage zwar auch nicht stellen, dafür aber behaupten, daß solches Gefühl eben nichts weiter als Ausdruck einer Klasseneinstellung oder sonst etwas sei.

Die neuere, insbesondere die angelsächsische Moralphilosophie hat längst begonnen, den Weg der Begriffs- und Strukturanalyse einzuschlagen. Juristen könnten dazu aus ihrer Kenntnis der Details heraus Erhebliches beitragen. Auch die alte, insbesondere die rationalistische Naturrechtslehre enthält einen ungehobenen Schatz von Analysen, dessen wir uns nur zu bedienen brauchen. Furcht vor einem „Naturrecht“ brauchen Juristen dabei nicht zu haben, wenn sie aus diesen Quellen schöpfen wollen.

Strukturen der Zurechnung

I

In der Jurisprudenz, vor allem in der Strafrechtsdoktrin, haben seit dem Ende der praktischen Philosophie, das irgendwann vor der Mitte des vorigen Jahrhunderts anzusetzen ist, eine Reihe von Begriffen mehr oder weniger überlebt, die eigentlich vorstrafrechtlicher, ja vorjuristischer Natur sind und die nach der heute in Aussicht stehenden „Rehabilitierung der praktischen Philosophie" – so der programmatische Titel eines 1972 erschienenen Sammelwerks[1] – ihren Platz in einer neu zu entwickelnden praktischen Philosophie werden einnehmen müssen. Zu diesen Begriffen gehören die Begriffe „Zurechnung", „Handlung", „Freiheit" und „Schuld". Es geht hier um die strukturellen Beziehungen zwischen diesen Begriffen, deren gegenseitige Abhängigkeit in der heutigen Jurisprudenz zwar meistens ahnungsvoll vorausgesetzt, aber regelmäßig nicht zum Gegenstand einer genauen Analyse gemacht wird, obwohl offensichtlich schon die bloße Möglichkeit von Strafrecht, sogar die bloße Möglichkeit von Recht überhaupt auf ihr beruht.

Der Zentralbegriff der hier anzustellenden Überlegungen ist der Begriff der „Zurechnung". Freilich ist gerade dieser Begriff auch in der Strafrechtsdoktrin stark in den Hintergrund getreten. Wir sprechen üblicherweise nur noch von „Zurechnungsfähigkeit" und „Zurechnungsunfähigkeit" – Begriffe, die zudem in der Revision des deutschen Strafgesetzbuches[2] abgelöst worden sind durch die Begriffe „Schuldfähigkeit" und „Schuldunfähigkeit" – sowie seit einigen Jahrzehnten auch von „objektiver Zurechnung", womit heute – in Verkennung des Problems, das mit diesem Ausdruck

[1] Herausgegeben von Manfred Riedel.

[2] Änderungen des Strafgesetzbuchs vor allem durch das Gesetz vom 4. 7. 1969 (BGBl. I S. 717).

zunächst verbunden worden ist – nur noch die Frage signalisiert wird, ob ein Ereignis einer Handlung oder einer Unterlassung als Erfolg zugerechnet werden kann oder nicht[3]. Doch geht es bei Zurechnungsfähigkeit, Zurechnungsunfähigkeit und objektiver Zurechnung im heutigen Verständnis um Fragen durchaus sekundärer Natur gegenüber dem hier anzuvisierenden Grundbegriff der Zurechnung. Dieser Grundbegriff der Zurechnung, der imputatio, den zuerst Pufendorf in seiner vollen Bedeutung ins Auge gefaßt hat[4], hat in der Folgezeit in der Naturrechtslehre, bei Thomasius und seiner Schule, bei Christian Wolff und seiner Schule, bis hin zu

---

3 Eine Gegenüberstellung von „objectiver“ und „subjectiver“ Zurechnung findet sich erstmalig wohl bei Harscher von Almendingen, Darstellung der rechtlichen Imputation, 1803, S. 90.
In die neuere Diskussion ist die „objektive Zurechnung“ eingeführt worden von Larenz, Hegels Zurechnungslehre und der Begriff der objektiven Zurechnung, 1927. Vgl. dort S. 61: „Die Zurechnung bedeutet nichts anderes als der Versuch, die eigene Tat vom zufälligen Geschehen abzugrenzen.“ Schon bei Larenz spielt freilich die Gegenüberstellung von „Urheber“ und „Ursache“ eine wichtige Rolle, wenn es auch bei ihm noch durchaus um den Begriff der eigenen Tat und nicht um den Begriff des Erfolgs der Tat geht. Wird die Gegenüberstellung von „Urheber“ und „Ursache“ aber erst einmal, wie es in der Folgezeit geschieht, in den Mittelpunkt gerückt, dann verengt sich notwendig die Fragestellung; die Frage nach der eigenen Tat wird dann von der Frage nach dem Erfolg der eigenen Tat verdrängt. Vgl. dazu etwa Honig, Kausalität und objektive Zurechnung, in: Festgabe für v. Frank, Bd. I 1930, S. 174 ff. und Roxin, Gedanken zur Problematik der Zurechnung im Strafrecht, in: Festschrift für Honig, 1970, S. 133 ff., ferner Otto, Kausaldiagnose und Erfolgszurechnung im Strafrecht, in: Festschrift für Maurach, 1972, S. 91 ff. Sehr deutlich wird diese Wendung des Begriffs in den neueren Lehrbüchern des Strafrechts. Vgl. z.B. Schmidhäuser, Strafrecht Allgemeiner Teil, 1970, S. 182, wo von der Beziehung die Rede ist, in der Handlung und Erfolg zueinander stehen: „Diese Beziehung ist die der objektiven Zurechnung: Der Erfolg kann dem Täter objektiv zur Tat nur dann zugerechnet werden, wenn sich im Erfolg das Rechtsgutsverletzende, d.h. hier die Gefährlichkeit der Handlung, niederschlägt.“ Jescheck, Lehrbuch des Strafrechts Allgemeiner Teil, 2. Aufl. 1972, S. 207: „Unter objektiver Zurechnung (Haftung) ist das Urteil über die Frage zu verstehen, ob ein Erfolg als die ‚Tat‘ eines bestimmten Menschen anzusehen ist.“ Am wenigsten spürbar wird die Begriffsverengung bei Hardwig, Die Zurechnung – Ein Zentralproblem des Strafrechts, 1957; freilich hat auch Hardwig noch nicht den hier anvisierten Grundbegriff der Zurechnung mit der notwendigen Schärfe ins Auge gefaßt.

4 Von größter Bedeutung die beiden naturrechtlichen Hauptschriften: Elementorum Jurisprudentiae Universalis Libri duo, 1660, und De Jure Naturae et Gentium Libri octo, 1670, Zitate nach der zweiten Auflage 1684.

Kant eine wichtige Rolle gespielt, und er ist mit dem Naturrecht im Positivismus des 19. Jahrhunderts verschwunden; jedenfalls fristet er seitdem nur noch ein Leben aus zweiter Hand in den genannten abgeleiteten Begriffen[4a]. Der Grundbegriff der Zurechnung ist indessen, wie sich zeigen wird, der eigentlich tragende Begriff. Auch die Begriffe „Handlung", „Freiheit" und „Schuld" können ohne ihn weder je für sich noch in ihrem Verhältnis zueinander angemessen erfaßt werden.

Erhalten hat sich dagegen die Problematik des Handlungsbegriffs, wenn auch in der Strafrechtsdoktrin immer wieder Versuche unternommen werden, auch diesen Begriff beiseite zu schieben[5]. Freilich hat die Entwicklung des Handlungsbegriffs, bedingt durch die mehr oder weniger erfolgreiche Eliminierung des Grundbegriffs der Zurechnung, eine Richtung genommen, die einen wesentlichen Aspekt von vornherein ausklammert. Gefragt wird heute üblicherweise nach den Kriterien für eine Handlung, nach den einzelnen Merkmalen im Definiens bei der Definition des Handlungsbegriffs. Eine solche Frage sieht die Handlung jedoch isoliert, nur von sich selbst her, als ein Phänomen unter anderen Phänomenen. Das hat zur Folge, daß jede Antwort auf eine derartige Frage notgedrungen einen *ontologischen* Handlungsbegriff entwickeln muß, wie dieser dann auch immer im einzelnen aussehen mag. Ein ontologischer Handlungsbegriff nimmt die Handlung von vornherein und unreflektiert als ein Etwas, als ein Seiendes unter anderem Seienden und macht damit die Voraussetzung,

[4a] Leider bin ich erst nach Beginn der Drucklegung auf eine in England und den USA geführte Diskussion gestoßen, die in einigen Punkten ähnliche Probleme erörtert wie die vorliegende Schrift. Dabei spielt der Begriff der „Zuschreibung" („ascription") eine entscheidende Rolle. Die mir bekannt gewordenen Aufsätze kann ich hier nur noch erwähnen. Es handelt sich um: Hart, The Ascription of Responsibility and Rights, in: Proceedings of the Aristotelian Society, Vol. 49 (1948/49), pp. 171–194, wieder abgedruckt in: Flew (ed.), Logic and Language, First Series, sixth impression, 1968, pp. 145–166; Geach, Ascriptivism, in: The Philosophical Review, Vol. 69 (1960), pp. 221–225; Pitcher, Hart on Action and Responsibility, ebenda, pp. 226–235; Feinberg, Action and Responsibility, in: M. Black (ed.), Philosophy in America, 1965, pp. 134–160, wieder abgedruckt in: White (ed.), The Philosophy of Action, 1968 (reprinted 1973), pp. 95–119.

[5] Vgl. z. B. Schmidhäuser a. a. O. (vgl. Fußn. 3) S. 144 f.

daß wir eine Handlung ohne weiteres zu erkennen und zu bezeichnen vermögen, ohne Zutaten unsererseits, jedenfalls ohne besondere Zutaten, die über jene hinausgehen, die wir sowieso bei jeder Erkenntnis und bei jeder Bezeichnung des Erkannten machen. Damit vernachlässigt ein jeder ontologische Handlungsbegriff schon von der Frage her, auf die er eine Antwort gibt, die fundamentale Tatsache, daß *wir* es doch sind, die einen Vorgang als Handlung *ansehen*, zumindest setzt er voraus, daß sich insoweit keine anderen Probleme ergeben als solche, die nicht ohnedies schon Gegenstand der allgemeinen Erkenntnistheorie sind.

Es besteht aller Anlaß, genau an dieser Stelle mit einer Kritik anzusetzen und die Frage zu stellen, wie wir denn überhaupt dazu kommen, einen Vorgang gerade als Handlung zu qualifizieren. Denn es ist durchaus nicht so, daß wir eine Handlung gerade als Handlung wahrnehmen können, wenn man von „Wahrnehmung" in einem strengen Sinne des Wortes ausgeht. In diesem strengen Sinne des Wortes ist „Wahrnehmung" auf die Leistung der fünf Sinne beschränkt; wahrnehmbar ist dann nur das, was ich sehen, hören, ertasten, riechen oder schmecken kann. Was ich indessen sehen kann, das sind allein menschliche Körper und ihre Bewegungen, was ich hören kann, das sind allein die Laute, die von einem menschlichen Körper ausgestoßen werden. Die Beobachtung der Bewegung eines menschlichen Körpers rechtfertigt aber nach allgemeiner Auffassung noch nicht die Annahme, daß ich eine Handlung vor mir habe, die Wahrnehmung eines von einem Menschen ausgehenden Lautes noch nicht die Annahme menschlicher Rede. Wir pflegen hier entschieden zu differenzieren zwischen den Bewegungen menschlicher Körper, die wir als Handlungen, und den Bewegungen menschlicher Körper, die wir nicht als Handlungen betrachten, zwischen den von Menschen verursachten Lauten, die wir als Rede, und jenen, die wir nicht als Rede auffassen. Machen wir aber derartige Unterschiede, dann heißt das, daß wir davon ausgehen, das Besondere menschlicher Handlungen gerade nicht sensorisch wahrnehmen zu können.

Damit stellt sich die Frage, was denn nun eigentlich geschieht, wenn ich eine Körperbewegung als Handlung, einen ausgestoßenen Laut als Rede, als Sprechhandlung[6] auffasse. Hier tritt offenbar zu der bloßen Wahrnehmungsleistung, in der ich die Bewegung sehe, den Laut höre, eine weitere intellektuelle Leistung hinzu, eine Deutung der wahrgenommenen Bewegung als Handlung, eine Deutung des wahrgenommenen Lautes als Sprechhandlung; und zwar enthält solche Deutung insofern eine besondere zusätzliche Leistung, als sie auf die Annahme von etwas prinzipiell nicht Wahrnehmbarem gerichtet ist: Mit ihr fasse ich die visuell wahrgenommene Körperbewegung oder die auditiv wahrgenommene Lautabfolge auf als herbeigeführt von einem Subjekt. Ich nehme damit an, daß „hinter" der wahrgenommenen Bewegung oder Lautfolge ein „Urheber" steht, von dem die Bewegung oder die Lautfolge ausgehen, und diese selbst werden mir dadurch zu der „Außen"seite eines Vorgangs, der ein handelndes Subjekt – ein tätiger Wille oder Geist – als ein „Innen" korrespondiert, was natürlich nicht im ursprünglichen Sinn der Wortpaare „vor – hinter", „außen – innen" zu verstehen ist, sondern in einem übertragenen Sinne, in dem wir etwa auch davon sprechen, daß „sich" jemand so oder so „ausgedrückt" habe, „sich" jemand so und so „geäußert" habe; metaphorische Redewendungen, bei denen uns Wörter, die zunächst allein auf die räumlich-sinnliche Sphäre passen, zur Umschreibung bestimmter außersinnlicher Verhältnisse dienen.

Begreife ich danach die Handlung gerade als die Handlung eines agierenden Subjekts, so schließt das zum ersten die Voraussetzung eines Subjekts ein. Auch ein Subjekt können wir bekanntlich nicht sensorisch wahrnehmen – und zwar prinzi-

---

6 Zum Begriff der Sprechhandlung, der der heutigen Jurisprudenz noch nicht geläufig ist, vgl. J. L. Austin, How to do things with Words, 1962 (dt. Zur Theorie der Sprechakte, 1972) und Searle, Speech Acts, 1969 (dt. Sprechakte, 1971). Diese neuere Sprachphilosophie stellt u. a. die allzu einfache und darum oft übersehene Feststellung in den Mittelpunkt, daß Wörter und Sätze nicht schon „als solche" einen Sinn haben, weil sie „als solche" gar nicht gedacht werden können, daß sie vielmehr nur deswegen Sinn haben, wenn und weil sie geäußert werden, also Sprechhandlungen sind.

piell nicht, sowenig wie seine Handlungen. Wir können weder einen Willen noch ein Bewußtsein, weder Geist noch Seele sehen, hören, ertasten, riechen oder schmecken, schon gar nicht unmittelbar, aber auch nicht etwa mittelbar in dem Sinne, daß wir wenigstens Willens- oder Bewußtseinsäußerungen, Äußerungen des Geistes oder der Seele wahrnehmen könnten. Denn gerade um diese Äußerungen geht es. Sie sind nichts anderes als die Handlungen eines Subjekts, einschließlich seiner Sprechhandlungen, die wir gerade darum als Äußerungen eines Subjekts ansehen, weil wir sie als seine Handlungen begreifen, und es ist bereits festgestellt worden, daß wir diese Handlungen als solche nicht wahrnehmen können. Jener Chirurg, von dem die Sage geht, er habe geleugnet, daß es eine menschliche Seele gebe, weil er bei seinen vielen Operationen noch nie eine menschliche Seele gefunden habe, ist daher durchaus im Recht, vorausgesetzt, er definiert den Begriff der „Gegebenheit" streng positivistisch mit der Wahrnehmbarkeit im präzisen Sinne des Wortes. In diesem Sinne „gibt es" keine Subjekte, sowenig wie „es" dann Willensäußerungen, überhaupt Handlungen „geben" kann.

Diese Überlegungen stehen sicherlich einer gewissen Populärpsychologie entgegen, die Seele, Wille, Geist, Bewußtsein oder wenigstens sogenannte psychische Phänomene unreflektiert als „gegeben" ansehen und als sogenannte psychologische Fakten mit Beschlag belegen möchte. Solche Psychologie beruht auf ungenauen Grundbegriffen. Ein Wille, Geist usw. und seine Äußerungen sind im präzisen Sinne des Wortes keine „Fakten", sondern Ergebnisse von Deutungsversuchen für wahrgenommene und wahrnehmbare „Fakten", die eine spezifische, die bloße „Faktizität" hinter sich lassende Auslegung an die „Fakten" herantragen[7]. Natürlich steht es in

---

7 Mit Recht kritisiert Hardwig a. a. O. (vgl. Fußn. 3) S. 39 Pufendorf, nach dem „die psychischen Fähigkeiten mit zur natürlichen Welt gehören". Denn „dann müßte auch der Wille dazu gehören und damit auch der lückenlosen kausalen Determination unterworfen sein, was Pufendorf ja gerade nicht annehmen will". Hier liegt bei Pufendorf tatsächlich ein Widerspruch; er hat den eigenen Zurechnungsbegriff an dieser Stelle nicht zuende gedacht. Hardwig meint

jedermanns Belieben, und also auch im Belieben der Psychologie, in neuen Definitionen der Begriffe „Faktum" und „Gegebenheit", die von den hier bevorzugten abweichen, auch etwa einen Willen und seine Äußerungen als „gegeben" und als „Fakten" zu bezeichnen. Aber dann muß man sich darüber im klaren sein, daß diese Begriffe in einem solchen Falle äquivok gebraucht werden, weil sie dann zwei prinzipiell verschiedene Weisen von „Gegebenheit" und „Faktizität" decken. Nicht darum geht es hier, irgendeine Nominaldefinition für die Begriffe „Faktum" und „Gegebenheit" durchzusetzen, sondern es kommt darauf an, die intellektuellen Leistungen zu analysieren, die erbracht werden, wenn irgendetwas als „gegeben" und als „Faktum" angesehen wird, und zu erkennen, daß es sehr verschiedene intellektuelle Leistungen sind, aufgrund deren wir einmal einen wahrnehmbaren Stein und einmal eine wahrgenommene und dann über das Wahrnehmbare hinaus als Willensäußerung, also als Handlung gedeutete Bewegung als „Faktum" ansehen.

Mit der Annahme, daß eine bestimmte Bewegung, die ein menschlicher Körper vollführt hat, eine Handlung ist, setze ich also voraus, daß dieser menschliche Körper ein Subjekt repräsentiert. Ich habe damit diesen Menschen als Subjekt anerkannt, genauer: als Kosubjekt, dem genauso wie mir selbst Subjektcharakter zukommt.

Darüber hinaus setze ich mit der Annahme, eine Bewegung oder ein Laut sei eine Handlung, weiter voraus, daß die Bewegung oder der Laut auf das Subjekt zurückgehen, vom Subjekt ihren Ausgang genommen haben, daß sie – mit

S. 39 Fußn. 128 weiter, es sei bis auf den heutigen Tag nicht gelungen, diesen Widerspruch auszuräumen, und er exemplifiziert das an Kant und Nicolai Hartmann. Dem wäre hinzuzufügen, daß auch Wittgenstein noch im Tractatus logico-philosophicus von 1922 erstaunlicherweise unter Nr. 5.641 zwischen der „menschlichen Seele, von der die Psychologie handelt", und dem „metaphysischen Subjekt" unterscheidet. Die neuere, teilweise an den späten Wittgenstein anknüpfende Philosophie scheint indessen auf dem Wege zu sein, diesen Widerspruch zu überwinden. Vgl. dazu – mit Nachweisen – Hoche, Handlung, Bewußtsein, Leib, 1973, bes. S. 99 ff.

Vokabeln, die dem Juristen geläufig sind – willensgetragene, willensgesteuerte Vorgänge sind.

Man muß versuchen, sich klar zu machen, wie ungeheuerlich diese häufig als selbstverständlich angesehene Annahme ist. Etwas, das „es gibt", der menschliche Körper, soll gesteuert worden sein von etwas, das „es" im strengen Sinne des Wortes nicht „gibt", und zwar prinzipiell nicht „gibt", vom Subjekt, vom Willen. Nur der meist unreflektierte Gebrauch des Wortes „gegeben" verdeckt das Erstaunliche dieser Voraussetzung. Denn für eine konsequent durchgeführte naturalistische Betrachtungsweise scheint eine solche Annahme unmöglich zu sein, sieht es doch so aus, als ob damit gewisse für unabänderlich gehaltene Grundgesetze der Natur zumindest für menschliche Körper suspendiert würden. Nach der naturalistischen Betrachtungsweise ist das Geschehen in der Welt durchgängig in einer bestimmten Weise determiniert, besteht dieses Geschehen ausschließlich aus den Bewegungen von den physikalisch-chemischen Ursachen zu den physikalisch-chemischen Wirkungen. Wenn ein Sturm an einem Baum rüttelt und einen morschen Ast herunterreißt, dann ist dieses Geschehen ein Moment in einem einzigen Weltprozeß, der seinerseits aus einem einzigen großen physikalisch-chemischen Kausalzusammenhang besteht, der von Urzeiten her unabänderlich auf diesen Moment hingetrieben ist. Es besteht im physikalisch-chemischen Weltbild nicht der geringste Grund für die Annahme, daß menschliche Körper aus diesem Prozeß ausgenommen sind. Bekanntlich werden derartige Kausalzusammenhänge in menschlichen Körpern denn auch u. a. in der medizinischen Physiologie untersucht.

Dieser naturalistischen Betrachtungsweise steht jene Betrachtungsweise schroff gegenüber, die Körperbewegungen und Laute mit der bezeichneten Konsequenz als Handlungen deutet. Sie soll „moralische Betrachtungsweise" heißen – „moralisch" in dem weiten, in der praktischen Philosophie der Neuzeit gebräuchlichen Sinn des Wortes „Moral", „in welchem es nicht bloß das Moralisch-Gute bedeutet", sondern

„das Geistige, Intellektuelle überhaupt“[8]. Da es hier lediglich um die Zurechnungsstrukturen geht, kann nicht dem Problem ausführlich nachgegangen werden, wie sich die moralische und die naturalistische Betrachtungsweise zueinander verhalten. Eine Frage, die sich darauf richtete, ob nun die naturalistische oder ob die moralische Betrachtungsweise „wahre“ Ergebnisse zutage fördert, wäre jedenfalls falsch gestellt. Die beiden Betrachtungsweisen sind Möglichkeiten des Denkens, bei denen es zunächst nicht um Wahrheit, sondern um Richtigkeit geht. Eine stringente Durchführung beider Betrachtungsweisen kann aber zeigen, daß die naturalistische Betrachtungsweise, obwohl durchaus in sich schlüssig, doch die moralische Betrachtungsweise voraussetzt. Denn es bleibt immer Subjekten vorbehalten, die Welt in der naturalistischen Betrachtungsweise zu sehen, und ohne Subjekte, die die Welt naturalistisch betrachten, wäre die naturalistische Betrachtungsweise nichts. Schon dieser letzte Satz ist in der moralischen Perspektive geschrieben, er kann nur in ihr geschrieben worden sein, wie überhaupt jede Reflexion auf die naturalistische Betrachtungsweise (man mag sie so oder anders nennen) und auch jede Formulierung der in ihr gültigen Methoden allein in der moralischen Perspektive möglich sind. In der moralischen Betrachtungsweise reflektiert ein Subjekt gerade auf sich und auf die Gemeinschaft von Subjekten, in der es steht, und sei dies die Gemeinschaft jener Subjekte, die die Welt naturalistisch betrachten.

In der moralischen Betrachtungsweise ist eine menschliche Körperbewegung eine Handlung, wenn und weil sie auf einen Willen, ein Subjekt zurückgeführt wird. Dem Juristen ist eine ähnliche Formel vertrauter[9]. Nach dem v. Liszt-Beling'schen System – der sogenannten kausalen Handlungslehre – ist Handlung „willkürliche Körperbewegung“. Diese Formel ist

---

[8] Hegel, Enzyklopädie der philosophischen Wissenschaften im Grundrisse, 1830, § 503.

[9] Zu der folgenden sog. Dogmengeschichte des Handlungsbegriffs in der Strafrechtslehre vgl. z. B. Welzel, Das Deutsche Strafrecht, 11. Aufl. 1969, S. 38 ff.

oft angegriffen worden. Aber sie ist nicht eigentlich falsch. Indem diese Lehre richtig auf die Willkürlichkeit der Körperbewegung abstellt, bringt sie ein Element ins Spiel, das im Kern notwendig nicht-naturalistisch ist und damit die richtige Perspektive auf die Handlung eröffnet, mag auch der Begriff der „willkürlichen Körperbewegung" oft genug naturalistisch mißverstanden worden sein.

Die Formel von der Handlung als willkürlicher Körperbewegung ist freilich nicht ausreichend. Wir können nicht dabei stehen bleiben, eine Körperbewegung oder einen Laut schlicht auf einen Willen zurückzuführen. Denn dabei müßten wir uns einen Willen als einen blinden, inhaltslosen Willen und damit, genau genommen, als einen willenlosen Willen vorstellen, womit wir uns einer contradictio in adjecto schuldig machten. Denn wir können uns einen Willen gar nicht ausdenken, der nur das pure Daß einer Handlung wollte, ohne auch ihr Wie zu wollen. Insoweit ist die finale Handlungslehre Welzels[10], deren Kritik am v. Liszt-Beling'schen System gerade an dieser Stelle ansetzt, vollkommen im Recht. Allerdings glaubt die finale Handlungslehre, das willensbestimmte Wie der Handlung allein vom Ziel der Handlung her artikulieren zu können, mit der Begründung, daß der Wille, da er nicht ein blinder Wille sein kann, eben immer *etwas* wolle. Aber darin liegt eine Verwechslung. Gewiß will ein Wille stets etwas, aber dieses Etwas, das er *immer* will, ist die so und so strukturierte Handlung, in der er sich äußert, nicht aber etwa das Ziel der Handlung. Daß der Wille nicht *stets* auch mit der Handlung etwas will, zeigen schon die schlichten Tätigkeiten, die wir als nicht an einem Zweck orientiert, sondern, wie es im Grunde widersprüchlich heißt, als „Selbstzweck" annehmen. Wir nehmen nicht an, daß sie jemandem dienen oder zu etwas nütze sein sollen. Solche zweckfreien Handlungen können sein: Liederpfeifen, Spazierengehen, Schachspielen, Beten, Fluchen, Rätselraten usw. Sicherlich kann ich mit Handlungen dieser Art auch Zwecke verfolgen. Ich kann zu „Trimm-

[10] Vgl. dazu Welzel, a. a. O. (vgl. Fußn. 9) S. 33 ff.

Dich"-Zwecken im Walde herumlaufen, um meine Gesundheit zu erhalten; ich kann ein Lied pfeifen, um auf diese Weise jemanden herbeizurufen; ich kann Schach spielen, um jemandem eine Freude zu machen. Die mit den Ausdrücken „Spazierengehen", „Schachspielen", „Liederpfeifen", „Beten", „Fluchen", „Rätselraten" bezeichneten Tätigkeiten implizieren solche Zwecke zunächst aber überhaupt nicht. Sie sind ohne jeden Zweck denkbar und bleiben dabei doch Handlungen genauso wie finale Handlungen.

Damit können und sollen die Verdienste der finalen Handlungslehre nicht geschmälert werden. Sie hat es als erste unternommen, über das bloße Daß der Willensbestimmtheit von Handlungen hinauszufragen, um den Handlungsbegriff inhaltlich aufzufüllen; und sie hat dabei erkannt, daß viele Handlungen gerade darum Handlungen sind, weil sie von uns aufgefaßt werden als Einsatz von Mitteln zu Zwecken, die vom handelnden Willen zuvor gesetzt worden sind. Diese Mittel-Zweck-Formel der finalen Handlungslehre läßt sich nun so weiterdenken, daß gleichzeitig ihr Wert und ihre Begrenztheit deutlich werden. Verstehe ich eine Körperbewegung als Handlung deswegen, weil ich sie als Mittel verstehe, mit dessen Einsatz ein Subjekt seine Zwecke verfolgt, dann ist weiterzufragen, inwiefern eine Handlung überhaupt ein Mittel sein kann zur Erreichung eines zuvor gesetzten Zwecks. Sie kann dies offenbar nur deswegen, weil Erfahrungsregeln dem Subjekt zuvor sagen, daß diese oder jene Körperbewegung im Hinblick auf das zuvor gesetzte Ziel zweckrational ist. Wir kennen aus der Welt des Alltags und der Wissenschaft eine Fülle solcher Erfahrungsregeln. Ich wende eine derartige Regel an, wenn ich etwa auf einen Knopf drücke, was einen Mechanismus auslöst und einen Fahrstuhl herbeiholt, mit dem ich in den 4. Stock fahren will. Ich wende ebenfalls eine solche Regel an, wenn ich einen Stein werfe, da mir dieser Wurf nach meiner Erfahrung als ein zweckmäßiges Mittel erscheint, ein Fenster einzuschlagen. Ersichtlich gibt es auch noch kompliziertere Fälle, aber sie liegen alle auf dieser Ebene.

Damit läßt sich eine jede finale Handlung, eine jede „Ausübung menschlicher Zwecktätigkeit“[11], beschreiben als ein Fall der Anwendung einer Erfahrungsregel. Nun bilden die Erfahrungsregeln zwar eine wichtige Gruppe von Regeln, aber sie bilden doch nur eine Gruppe unter anderen. Ein Jurist mag hier zuerst noch an die Rechtsregeln und die Regeln der Moral denken – „Moral“ hier im engeren Sinne als Regelsystem des Moralisch-Guten genommen. Aber wir befolgen auch noch andere Regeln. Dazu gehören vor allem die Regeln der Sprache, etwa die der Grammatik oder die Regel, daß das deutsche Wort „Stein“ dieselbe Sache bedeutet wie das englische Wort „stone“. Wir kennen die Regeln der Logik, und wir kennen Spielregeln aller Art, konstitutive Spielregeln, wie etwa diese, daß beim Schachspiel der König normalerweise nur um ein einziges Feld verrückt werden darf, und darüber hinaus auch noch andere, nicht konstitutive Spielregeln, die etwa angeben, wie man ein Spiel gewinnt. Es ist nicht erforderlich, daß diese Regeln, um die wir wissen und die wir täglich anwenden, alle als solche bereits expliziert wären. Möglicherweise trifft das sogar für die wenigsten zu, was besonders deutlich wird bei den Regeln der Sprache und der Logik, die wir oft gar nicht formulieren können, ohne sie dabei schon anzuwenden und damit als noch nicht formulierte bereits vorauszusetzen. In allem unserem Tun wenden wir Regeln an, unser ganzes Tun, unser Sprechen eingeschlossen, ist nur zu verstehen als Befolgung gewisser dem Tun vorgegebener Regeln. Auch bei den zweckfreien Tätigkeiten wenden wir Regeln an, beim Liederpfeifen u. a. die Regel, die die Melodie des Liedes ausmacht, beim Rätselraten die Regel, die eben jene Tätigkeit konstituiert.

Die Konsequenz dieser Überlegungen ist ein für die Jurisprudenz neuer Handlungsbegriff, der sich zwar auf der Linie der bisherigen Handlungsbegriffe bewegt, vor allem auf der Linie des Handlungsbegriffs der Finalisten, der aber über diese Begriffe hinausgeht. Wir begreifen einen Vorgang – eine

[11] Welzel a. a. O. (Fußn. 9) S. 33.

Körperbewegung, einen Laut – als Handlung, wenn und weil wir annehmen, daß ein Subjekt in diesem Vorgang eine Regel anwendet[12]. Im Gegensatz zur kausalen Handlungslehre bemüht sich dieser Handlungsbegriff um eine Inhaltsbestimmung der Handlung genauso wie die finale Handlungslehre. Im Unterschied zu dieser beschränkt er die Handlung jedoch nicht auf die Anwendung von Erfahrungsregeln. Darüber hinaus aber besteht die maßgebliche Differenz zu allen gegenwärtig in der Jurisprudenz vertretenen Lehren darin, daß die Formel „Handlung ist Regelanwendung" nicht als eine ontologische Beschreibung verstanden werden darf. Es ist eben nicht so, daß die Annahme einer Handlung sich aus den faktischen Ereignissen und Vorgängen, die ihr zugrundeliegen, gewissermaßen von selbst ergäbe; keine bloße Wahrnehmung einer Bewegung oder eines Lautes kann uns nötigen, einen Vorgang als Handlung anzusehen. Es ist stets eine Deutung, also etwas, das von uns ausgeht, wenn wir einen wahrnehmbaren und wahrgenommenen faktischen Vorgang als Regelanwendung durch ein Kosubjekt begreifen.

An dieser Stelle kommt der Grundbegriff der Zurechnung zum Tragen. „Zurechnung" bezeichnet den Akt, meinen Akt, durch den ich einen Vorgang als Handlung begreife: Ich rechne eine Körperbewegung oder einen Laut einem dabei vorausgesetzten und damit als solches anerkannten Subjekt als Handlung zu, ich schreibe sie ihm als Handlung zu. „Zurechnung (imputatio) in moralischer Bedeutung" – heißt es bei Kant[13] im Anschluß an die Tradition der Naturrechts-

---

12 Wie es scheint, ist die These, daß eine Handlung gerade darum Handlung ist, weil ein Subjekt in ihr eine Regel anwendet, zuerst von P. Winch entwickelt worden; vgl. Winch, The Idea of a Social Science, 1958 (dt. Die Idee der Sozialwissenschaft und ihr Verhältnis zur Philosophie, 1966 passim; vgl. etwa S. 69 ff.).
Der Regelbegriff nimmt seit den „Philosophischen Untersuchungen" des späten Wittgenstein einen wichtigen Platz in der philosophischen Diskussion der Gegenwart ein; es ist nahezu unmöglich, die einschlägige Literatur zu überblicken. Für den Juristen wichtig vor allem Hart, The Concept of Law, 1961 (dt. Der Begriff des Rechts, 1973, passim).

13 Metaphysische Anfangsgründe der Rechtslehre, 1797, Zitate nach der 2. Aufl. 1798, S. XXIX (Weischedel-Ausgabe der Gesammelten Werke Bd. IV, S. 334).

lehre – „ist das Urteil, wodurch jemand als Urheber (causa libera) einer Handlung, die alsdann Tat (factum) heißt . . ., angesehen wird“.

II

Aus dem logischen Verhältnis von naturalistischer und moralischer Betrachtungsweise ergibt sich die Notwendigkeit von Zurechnung überhaupt. Wir können darauf verzichten, *einzelne* Ereignisse und Vorgänge, die wir in der Welt der Wahrnehmung beobachten, als Handlungen anzusehen. Es ist uns aber unmöglich, überhaupt auf Zurechnungen dieser Art zu verzichten. Man denke sich eine Wissenschaft, die den Menschen und die Gesellschaft rein in der naturalistischen Perspektive sieht. Das wäre eine Wissenschaft, die es bisher offenbar noch nicht gegeben hat. Zwar gab es im amerikanischen Behaviorismus und gibt es in der heutigen Verhaltensforschung Ansätze dazu, aber diese Ansätze werden nicht durchgehalten mit dem Ergebnis, daß ein unklares Konglomerat von Thesen entsteht, dessen Inkohärenz und Inkonsistenz allzu deutlich ins Auge springt. Eine konsequent behavioristische Wissenschaft vom Menschen und von der Gesellschaft müßte sich jeden moralischen Einschlags, vor allem auch jeden moralischen Vokabulars enthalten. Sie könnte nur das beschreiben, was – vom moralischen Standpunkt aus betrachtet – als das „äußere Verhalten“ der Menschen zu bezeichnen wäre, und nur aus diesem äußeren Verhalten dürfte sie ihre Schlüsse ziehen. Vor allem müßte sie sich jeden Verstehens der Vorgänge enthalten, was gar nicht so leicht ist, wie es aussieht, weil dann auch die Bewegungen, die in einer zu untersuchenden Menschengruppe zu beobachten sind, und die Laute, die von den Menschen dieser Gruppe ausgestoßen werden, nur als solche konstatiert und nicht etwa als verstehbare Handlungen, insbesondere nicht als verstehbare Sprechhandlungen aufgefaßt werden dürfen. Aber nicht einmal eine *so gedachte* Wissenschaft läßt sich ohne Zurechnung von Vorgängen in der Außenwelt als Handlungen denken. Denn auch der konsequent behavioristisch arbeitende Wissenschaftler, der alle sonstigen Menschen allein von außen betrachtet, steht *als Wissenschaftler* doch wenigstens in Kommunikation und Interaktion mit anderen Wissenschaftlern, und dabei nimmt er die Körperbewegungen und Laute der anderen als deren Handlungen und Sprechakte, und er muß sie so nehmen. Nähme er sie nicht so, dann würde er nicht mit ihnen reden und nicht mit ihnen zusammenarbeiten können, und dann wäre auch seine Wissenschaft nichts. Darüber hinaus könnte man zeigen, daß ich mich selbst gar nicht als einzelnen, als gänzlich auf mich selbst gestellt denken kann. Ich kann mich nämlich nicht als handelndes Subjekt annehmen, wenn ich nicht auch noch andere handelnde Subjekte annehme[14]. Doch muß das hier dahingestellt bleiben.

Für die Problematik der Zurechnungsstrukturen folgt aus alldem, daß wir zunächst einmal vom Handlungscharakter der Körperbewegungen jener Menschen auszugehen haben, die wir als Kosubjekte anerkennen. Die Zurechnung solcher Körperbewegungen als Handlungen ist das Primäre. Aber wir kennen natürlich auch die Nichtzurechnung. Sie ist jedoch das Sekundäre, die Ausnahme, mögen wir auch de facto viele Fälle der Nichtzurechnung annehmen. Wir alle kennen Situationen, in denen wir menschliche Körperbewegungen nicht als Handlungen, nicht als Anwendungen von Regeln annehmen. Damit stellt sich die Frage, wann das eigentlich der Fall ist. Dazu läßt sich einiges durchaus a priori, d. h. unabhängig von aller Erfahrung ausmachen. So läßt sich sagen, daß von einer Regelanwendung und damit von einer Handlung jedenfalls nur dann die Rede sein kann, wenn das Subjekt aktuell, d. h. im Moment der Körperbewegung, um deren Handlungscharakter es geht, überhaupt um Regeln irgendwelcher Art weiß, die es anwenden könnte. Denn eine Anwendung von Regeln setzt notwendig eine Beherrschung der an-

---

[14] Dazu etwa Strawson, Individuals, 1959 (dt. Einzelding und logisches Subjekt, 1972, S. 111 ff.). – Zum Unterschied zwischen naturalistischer und moralischer Betrachtungsweise in der Soziologie vgl. auch Winch a. a. O. (vgl. Fußn. 12) passim, etwa S. 141.

gewendeten Regeln voraus und Beherrschung der Regeln ein aktuelles, wenn auch nicht notwendig ein reflektiertes Wissen um sie. Hat das Subjekt nun keinerlei aktuelles Wissen um irgendeine Regel, hat es beispielsweise keinerlei Erfahrungen über die Tauglichkeit von Mitteln für vorausgesetzte Zwecke, so kann es eben auch keine Regeln anwenden – im Beispielsfalle keinerlei Erfahrungsregeln der bezeichneten Art. Diese Überlegung ist geradezu banal. Ihre Folge aber ist, daß wir dann, wenn wir einen solchen Fall annehmen, dem Subjekt die Körperbewegungen auch nicht als Handlungen zurechnen. Man kann in dieser Hinsicht sogar noch weiter zwischen zwei Möglichkeiten der völligen aktuellen Unwissenheit in bezug auf Regeln überhaupt differenzieren, nämlich der Möglichkeit, daß das Subjekt im Moment der Körperbewegung schlechthin unfähig ist, um Regeln gleichviel welcher Art zu wissen, und der Möglichkeit, daß das Subjekt im Moment der Körperbewegung trotz bestehender Fähigkeit doch aktuell um keine einzige Regel weiß. Die entscheidende Frage ist jedoch die, wann das denn im einzelnen der Fall ist. Das aber läßt sich nicht ohne Erfahrungen ausmachen. Denn wir können ja gar nicht erkennen, wie es um das aktuelle Wissen eines Subjekts steht, jedenfalls dann nicht, wenn es um das Wissen um Regeln und damit um das Wissen des Subjekts überhaupt geht, weil das Bewußtsein eines Subjekts eben nicht wahrnehmbar ist. Wir sind hier durchweg auf Mitteilungen in der Ebene der Kosubjektivität angewiesen, diese aber können wir nicht bekommen, wenn das Subjekt um keinerlei Regeln weiß, ohne daß wir aber daraus, daß wir keine Mitteilungen erhalten, schon auf die Unwissenheit des Subjekts schließen könnten. Wir schließen vielmehr von äußeren Indizien, die wir mit an uns selbst gemachten Erfahrungen zusammenhalten, darauf, daß das Subjekt im gegebenen Augenblick um keine Regel weiß. So nehmen wir an, daß der vor uns liegende Säugling unfähig ist, um irgendwelche Regeln zu wissen, und wir nehmen an, daß der vor uns liegende schlafende Mensch ebenfalls aktuell um keine einzige Regel weiß. Fragen können wir jedoch beide nicht danach, denn wenn sie antworteten und damit Regeln anwendeten, dann wären sie weder ein Säugling noch im Schlaf.

Wir können uns weiter vorstellen, daß aktuelle Unwissenheit in bezug auf Regeln nicht die einzige Möglichkeit dafür darstellt, daß das Subjekt mit einer Körperbewegung keinerlei Regeln befolgt. Denn es ist sehr gut denkbar, daß das Subjekt durchaus um Regeln gleichviel welcher Art weiß, die es anwenden könnte, daß es aber trotzdem aktuell behindert ist, irgendeine Regel anzuwenden. Freilich: Wie diese Behinderung aussieht, läßt sich nicht a priori sagen. Wenn wir nicht wissen, wie das prinzipiell nicht wahrnehmbare Subjekt auf einen wahrnehmbaren Körper wirkt, dann können wir auch nicht wissen, was es dabei behindern könnte. Doch schließen wir auch hier aus äußeren Indizien zusammen mit Analogien zu den Erfahrungen, die wir an uns selbst gemacht haben, darauf, daß ein Fall der Behinderung vorliegt. Genauso wie bei der Annahme, daß in einer Körperbewegung deswegen keine Regelanwendung steckt, weil das Subjekt aktuell um keine Regel weiß, unterscheiden wir auch hier zwei Fallgruppen: Wir stellen uns vor, daß das Subjekt im Augenblick der Körperbewegung trotz seines Wissens um anwendbare Regeln unfähig ist, eine Regel zu befolgen – etwa ein Epileptiker während eines Anfalls; oder wir stellen uns vor, daß das Subjekt trotz dieser Fähigkeit aus anderen Gründen aktuell behindert ist, irgendeine Regel anzuwenden – etwa in den Fällen, bei denen es einer sogenannten vis absoluta unterworfen ist. Daraus ergibt sich ein System von möglichen Fällen, in denen wir eine Körperbewegung einem Subjekt nicht als Handlung zurechnen:

Wir rechnen eine Körperbewegung bzw. eine Abfolge von Lauten einem Subjekt nicht als Handlung zu,

1. wenn wir annehmen (davon ausgehen),
   daß das Subjekt bei der Körperbewegung um keine einzige Regel weiß, die es anwenden könnte,
   a) weil es unfähig ist, um anwendbare Regeln zu wissen (Beispiel: ein Säugling), oder

b) weil es (trotz dieser Fähigkeit) aus anderen Gründen aktuell um keine einzige Regel weiß (Beispiel: ein Schlafender),

oder

2. wenn wir annehmen (davon ausgehen), daß das Subjekt (trotz eines Wissens um anwendbare Regeln) gehindert ist, irgendeine Regel zu befolgen,
   a) weil es unfähig ist, irgendeine Regel zu befolgen (Beispiel: ein Epileptiker während eines Anfalls), oder
   b) weil es (trotz dieser Fähigkeit) aus anderen Gründen aktuell gehindert ist, irgendeine Regel zu befolgen (Beispiele: die Fälle der sogenannten vis absoluta).

III

Nun begnügen wir uns gewöhnlich nicht damit, einen Vorgang einfach als „Handlung" zu qualifizieren. Vielmehr pflegen wir die Handlungen regelmäßig näher zu charakterisieren, wenn wir etwa sagen, jemand schreibe einen Brief, spiele Schach oder baue ein Haus. Die Feststellung, daß ich in einer Zurechnung Körperbewegungen und Laute als Handlungen nehme, wenn und weil ich sie als Regelanwendungen begreife, enthält also noch keine vollständige Beschreibung des gewöhnlichen Zurechnungsakts. Im Gegenteil ist damit erst der Beginn jeder Zurechnung dargestellt. Dieser Beginn besteht in der Annahme, daß in dem jeweils fraglichen Vorgang ein Subjekt „irgendeine", durch solche Kennzeichnung aber noch in keiner Hinsicht näher bestimmte Regel anwendet. Darin steckt das begriffliche Minimum aller Handlungszurechnung, das freilich nichts weiter als eine bloße Abstraktion ist, die zwar als notwendiger Anfang der Zurechnung ausgemacht, an konkreten Beispielen aber nicht isoliert aufgewiesen und beschrieben werden kann. Aber selbst dann, wenn Zurechnungsakte denkbar wären, bei denen sich die Zurechnung in der Annahme erschöpft, ein Subjekt wende Regeln gleichviel welcher Art an, würde jeder Zurechnungsakt dieser Art doch stets über sich hinaus auf eine vollständige Zurechnung hinweisen, weil er die Frage nahelegen würde, welche spezifische Regel denn nun angewendet werde. Mit der bloßen Annahme, ein Vorgang sei eine Handlung, weil ein Subjekt dabei irgendeine Regel befolgt, läßt sich nichts anfangen. Es geht immer um die Zurechnung von Handlungen als Anwendungen spezifischer Regeln, spezifischer Regelgruppen oder spezifischer Regelsysteme, auch wenn ich mich bei dem Hinweis auf diese Regeln noch so vage ausdrücke. Kann ich die angewendeten Regeln nicht irgendwie näher bezeichnen, dann verliert auch die Annahme, der Vorgang sei eine Handlung, ihren Sinn.

Das läßt sich etwa an dem Beispiel der Deutung gewisser Ritzen und Kerben zeigen, die ich an einer Felswand vorgefunden haben mag. Ich kann solche Schnörkel einmal rein naturalistisch deuten. Ich kann aber auch die Vermutung hegen, daß sie Bilder oder Schriftzeichen seien, die zu enträtseln ich allerdings (noch) nicht in der Lage bin. Eine derartige Vermutung würde bedeuten, daß ich die Ritzen und Kerben auf ein Subjekt zurückführe, das damit irgendetwas bezeichnen, sagen oder mitteilen wollte, und das wiederum heißt, daß ich sie als Ergebnisse von Handlungen qua Regelanwendungen begreife. Mithin steckt in solcher Vermutung stets auch ein Zurechnungsakt. Dieser Zurechnungsakt ist zwar leer, aber er ist doch nicht völlig leer, weil ich mich in meiner Vermutung ja nicht darauf beschränke vorauszusetzen, daß ich hier die Ergebnisse der Anwendung irgendwelcher Regeln vor mir habe, vielmehr die Vermutung immer schon die Annahme einschließt, daß Regeln bestimmter Art – eben Regeln des Bezeichnens, Schreibens oder Mitteilens – angewendet worden seien. Aber nicht einmal diese Kennzeichnung wäre auf die Dauer ausreichend, und so werde ich meine Vermutung, die Ritzen und Kerben im Fels seien Ergebnisse von Regelanwendungen, kaum durchhalten – sondern statt dessen auf Deutungen in der naturalistischen Perspektive zurückgreifen –, wenn sich die Vermutung nicht darin bewährt, daß ich widerspruchsfrei die spezifischen Regeln ausmachen kann, die den Akten des Einritzens und Einkerbens zugrunde gelegen haben mögen.

Man kann dasselbe auch mit der – freilich mehrdeutigen – Vokabel „Verstehen“ umschreiben. Die Zurechnung eines Vorgangs als Handlung auch ohne Spezifizierung der dabei als angewendet erachteten Regeln enthält, wenn man will, bereits ein erstes „Verstehen“ dieses Vorgangs, das die Voraussetzung für alles weitere „Verstehen“ bildet. Ich „verstehe“ dann den Vorgang als Handlung, etwa eine Lautabfolge als Sprechhandlung. Aber dieses erste „Verstehen“ weist insofern über sich hinaus, als ich eine Handlung – im wohl üblichen Sinn des Wortes „Verstehen“ – jedenfalls dann noch nicht „verstanden“ habe, wenn ich nicht festgestellt habe, *welche* Regel in der Handlung angewandt worden ist, und erst wenn ich eine besondere, näher bestimmbare und bestimmte Regel als angewendet erachte, kann ich die Handlung zu „verstehen“ meinen. Das „Verstehen“ der Handlung als Handlung bewährt sich im Gelingen des „Verstehens“ im zweiten Sinn des Wortes, und es hat sich nicht bewährt, wenn und solange jenes zweite „Verstehen“ mißlingt.

Nun kann ich einen Vorgang aber überhaupt nur dann als Anwendung einer bestimmten Regel oder Regelgruppe Rx begreifen, wenn ich weiß, was ich als Anwendung von Rx anzusehen habe. Ich muß also, soll der Zurechnungsakt möglich sein, bereits eine explizite oder implizite Definition von Rx voraussetzen, durch die sich diese Regel oder Regelgruppe von anderen Regeln inhaltlich unterscheidet. Da aber ich, der Zurechnende, diese Definition voraussetzen muß, ist der Akt der Zurechnung folglich davon abhängig, wie sich Rx *meiner Meinung nach* von anderen Regeln inhaltlich unterscheidet. Daher setze ich, wenn ich ein Handeln zum Beispiel gerade als ein Schachspielen oder als ein Vergiften nehme, schon immer voraus, daß ein Handeln dieser Art den meiner Meinung nach notwendigen und den meiner Meinung nach hinreichenden Bedingungen des Schachspielens oder des Vergiftens entspricht. Bin ich dabei etwa der Meinung, es genüge zum Schachspielen, Spielkarten auszuteilen und (wie beim Skatspiel) zu „reizen“, oder gehe ich von einer Erfahrungsregel aus, die lehrt, daß die Verabreichung einer Prise Weizenmehl zum Essen zu Vergiftungserscheinungen führt, dann kann ich aus diesem Grunde eine so strukturierte Handlung als Akt des Schachspielens oder als Vergiftungsakt zurechnen. Die Voraussetzungen, die ich mache, mögen negativ kritisierbar sein und auch tatsächlich negativ kritisiert werden, sei es von Dritten, sei es von mir selbst (zu einem anderen Zeitpunkt). Die Zurechnungsakte sind aber jedenfalls solange in sich konsistent, als ich diese Voraussetzungen mache. Anders dagegen, wenn ich jene Regeln nicht als Regeln des Schachspiels oder des Vergiftens akzeptiere. Dann kann ich die fraglichen Handlungen auch nicht ohne Selbstwiderspruch als Akte des Schachspielens oder des Vergiftens zurechnen. Denn ich kann nicht ohne Denkfehler ein Handeln als Anwendung von Rx bezeichnen, das ich meiner eigenen Definition von Rx nicht zuordnen kann. Sätze wie: „Hans spielt Schach, aber ich glaube nicht, daß das Kartenausteilen und Reizen zum Schachspielen gehört" oder: „Marie ist im Begriff, Hans zu vergiften, aber ich glaube nicht, daß die Zugabe einer Prise Mehl ein Vergiften ist" enthalten einen Widerspruch, weil ich mit dem jeweils ersten Halbsatz, mit dem ich jene Handlungen als Anwendungen der Schach- bzw. der Vergiftungsregeln zurechne, unvermeidbar zu verstehen gebe, daß ich die von mir anerkannten Besonderheiten der Regeln des Schachspiels bzw. des Vergiftens für erfüllt halte, um dann mit dem jeweils zweiten Halbsatz – gewissermaßen in demselben Atemzuge – das genaue Gegenteil zu sagen[15]. Das mag als selbstverständlich erscheinen, wird aber keineswegs immer beachtet, sind doch ganze Theoriengebäude auf einem derartigen Widerspruch aufgebaut worden[16].

Unter der Voraussetzung eines inhaltlich bestimmten Wissens um die Regel oder Regelgruppe Rx rechne ich einen Vorgang dann als Anwendung von Rx zu, wenn ich annehme, daß das handelnde Subjekt, dem ich den Vorgang zurechne,

[15] Zu dem analogen Widerspruch „Hansens Kinder haben Glatzen, aber ich glaube es nicht" vgl. Austin a. a. O. (vgl. Fußn. 6) S. 67 ff.

[16] Vgl. dazu unten den Exkurs zur sogenannten subjektiven Versuchstheorie.

erstens Rx tatsächlich realisiert und daß es zweitens Rx auch bewußt realisiert. Sowenig ich eine Regelbefolgung überhaupt annehmen kann, wenn ich nicht annehme, daß das Subjekt irgendeine Regel realisiert, sowenig kann ich die Befolgung von Rx annehmen, wenn ich nicht annehme, daß das Subjekt gerade Rx realisiert; und sowenig ich eine Regelbefolgung überhaupt annehme, wenn ich nicht annehme, daß das Subjekt aktuell um irgendeine befolgbare Regel weiß, sowenig kann ich die Befolgung von Rx annehmen, wenn ich nicht annehme, daß das Subjekt gerade um die Realisierung von Rx weiß. Dabei schließt die Annahme ihrer Realisierung auch die Annahme der Realisierbarkeit der Regel Rx ein, und die Annahme des Anwendungsbewußtseins schließt die Annahme der Wißbarkeit von Rx ein.

Die Zurechnung eines Vorgangs als Anwendung von Rx enthält also zunächst einmal die Annahme, daß die *äußeren Bedingungen* einer Befolgung von Rx erfüllt sind, daß also die Zurechnung ein fundamentum in re hat. Die Annahme z. B., daß jemand in meiner unmittelbaren Umgebung Trompete spielt, setzt, wenn ich mich nicht gerade für taub oder für schwerhörig halte, unter anderem die Annahme voraus, daß ich die entsprechenden Töne höre und auf die entsprechenden Bewegungen eines menschlichen Körpers zurückführe, und die Annahme, daß eine Tötungshandlung begangen werde, setzt unter anderem voraus, daß ich für irgendjemanden eine von einem menschlichen Körper ausgehende tatsächliche Lebensgefahr annehme. Daß schon die Annahmen dieser Art Deutungen des Wahrgenommenen darstellen und nicht mit einem schlichten Konstatieren verwechselt werden dürfen, ist bekannt und braucht hier nicht weiter ausgeführt zu werden.

Aber selbst dann, wenn es so aussieht, als ob die äußeren Bedingungen erfüllt seien, ist die Annahme einer Realisierung von Rx immer noch ausgeschlossen, wenn ich Rx in der konkreten Situation gar nicht für realisierbar, gar nicht für anwendbar erachte. Dabei impliziert die Annahme der Anwendbarkeit von Rx vor allem die Annahme, daß auch die Nichtanwendung von Rx für das Subjekt in der konkreten Situation möglich ist. Ich setze m. a. W. mit der Annahme einer bestimmten Handlung voraus, daß das Subjekt zu dieser Handlung eine Alternative hat [17]. Überfährt etwa ein Autofahrer ein spielendes Kind, das ihm in den Weg gelaufen ist, dann kann das trotz faktischer Verletzung des Kindes als Anwendung einer spezifischen Regel über das Beibringen von Verletzungen nur zugerechnet werden, wenn und weil der Autofahrer zur Rettung des Kindes ausweichen oder bremsen könnte. Dabei ist es für die Annahme des Bestehens einer Alternative gleichgültig, aus welchen Gründen die Alternative besteht oder welche praktischen Folgen das Ergreifen der alternativen Handlungsmöglichkeit hätte. Deshalb besteht, gesetzt den Fall, daß ein Anhalten in der konkreten Situation wegen des zu langen Bremsweges das Kind nicht retten könnte, eine Alternative auch dann, wenn der Autofahrer nur deshalb ausweichen könnte, weil er über eine besondere Fahrtechnik verfügt, die ihm im Gegensatz zu anderen ein Ausweichmanöver ermöglicht; und eine Alternative besteht auch dann, wenn ein Ausweichen die größten Gefahren für den Autofahrer selbst oder für Dritte heraufbeschwören würde. Die Frage, ob dem Autofahrer ein Ausweichen möglich ist, darf nicht mit der ganz anderen Frage vermischt werden, ob wir ein Ausweichen von ihm fordern oder es ihm erlauben.

Gewöhnlich schreiben wir einem Subjekt einen mehr oder weniger großen Spielraum von Alternativen zu, d. h. wir gehen gewöhnlich davon aus, daß dem Subjekt, dem wir einen Vorgang als Anwendung der Regel oder Regelgruppe Rx zurechnen, alternativ dazu die Anwendung einer ganzen Reihe mit Rx inkompatibler Regeln zur Verfügung steht. „Inkompatibel“ sind solche Regeln, deren gleichzeitige Anwendung ausgeschlossen ist – wie wir beispielsweise nicht gleichzeitig spa-

---

[17] Vgl. dazu etwa Rödig, Die Denkform der Alternative in der Jurisprudenz, 1969, S. 81 ff.

zierengehen und strammstehen oder nicht gleichzeitig auf einem Tisch stehen und unter demselben Tisch hocken können, während wir etwa gleichzeitig spazierengehen, rauchen und miteinander reden können. Die Alternative mindestens zweier miteinander inkompatibler Regeln oder Regelgruppen Rx und Ry ist jedoch das Minimum, von dem wir ausgehen. Von einer Anwendung von Rx kann jedenfalls dann nicht im Ernst die Rede sein, wenn ich gleichzeitig davon ausgehe, daß für das Subjekt gar keine andere Möglichkeit besteht, als den Vorgang, so wie er geschieht, auch geschehen zu lassen – und zwar durchaus unabhängig davon, ob ich im übrigen annehme, daß das Subjekt gerade handelt, also Regeln anwendet (die dann freilich andere Regeln sind als die Regel oder Regelgruppe Rx). Denn ich kann ohne weiteres annehmen, daß das Subjekt bezüglich des einen Vorgangs keine Regeln anwendet, während es in einem gleichzeitigen anderen Vorgang Regeln befolgt. So gehen wir beispielsweise immerfort davon aus, daß wir in vielfacher Weise handeln, trotzdem sehen wir in der mit diesem Handeln gleichzeitigen Bewegung, die wir mit unserem Sonnensystem im Universum machen, keinerlei Handeln, weil wir keine Alternative dazu sehen. Deshalb begeht auch der Lokomotivführer, dem ein Selbstmörder überraschend vor die Maschine springt, jedenfalls im Augenblick des Überrollens und eine gewisse Zeitspanne davor keine Tötungshandlung, wenn er nicht mehr erfolgversprechend bremsen kann. Das Überrollen als solches ist dann sowenig ein Handeln wie unser „Fliegen“ im auseinanderstrebenden Universum, denn der Lokomotivführer hat insoweit eben keine Alternative (mehr), auch wenn er gleichzeitig Regeln anderer Art anwendet, etwa Pfeifsignale gibt, die Bremse anzieht usw.

Auch hier ist es gleichgültig, aus welchen Gründen keine Alternative besteht, weshalb etwa auch der Autofahrer, der „infolge fortgeschrittener Cerebralsklerose“ unfähig ist, schnell genug zu reagieren und dem Kinde auszuweichen, im Moment des Überrollens und kurz davor keine Alternative hat[18]. Wir gehen daher von einer Fiktion aus, wenn wir Vorgänge dieser Art trotzdem wie einen Verletzungsakt behandeln, im Beispielsfalle etwa deswegen, weil wir dem Autofahrer das Fahren in seinem Zustand überhaupt vorwerfen. Das mag berechtigt sein, aber es werden dabei zusätzliche Gesichtspunkte ins Spiel gebracht, die über die Gesichtspunkte einer reinen Handlungszurechnung hinausgehen. Von einem aktuellen Verletzungshandeln im strengen Sinne kann in einem solchen Falle jedenfalls nicht mehr gesprochen werden, nur von einer actio occidendi imputanda in causa, die in ihrem Zusammenhang zu erörtern ist[18a].

Die Zurechnung eines Vorgangs als Anwendung einer Regel oder Regelgruppe Rx enthält darüber hinaus die Annahme, daß auch die *inneren Bedingungen* einer Befolgung von Rx erfüllt sind, daß also der Handelnde das Bewußtsein der Realisierung von Rx hat. Keine Regelanwendung ohne Bewußtsein der Regelanwendung! Die Annahme, daß jemand auf einer Trompete spielt, setzt daher die Annahme voraus, daß der Trompeter dies mit Bewußtsein tut, und demgemäß setzt auch die Annahme, daß jemand eine Tötungshandlung begeht, die Annahme voraus, daß der Betreffende aktuell um die Lebensgefährlichkeit seines Handelns weiß. Noch weniger als bei der Annahme, daß die Zurechnung ein fundamentum in re hat, ließe sich bei dieser Annahme die These durchhalten, daß die Erfüllung der maßgeblichen Bedingungen schlicht konstatiert werden könne, mag auch die Versuchung groß sein zu glauben, das Bewußtsein der Regelanwendung sei „objektiv" feststellbar. Werden Wille, Geist, Bewußtsein ganz allgemein nur über Zurechnungsakte zugänglich, dann werden sie es auch im Einzelfall. In der Jurisprudenz ist es denn auch im Grunde seit eh und je bekannt, daß der sogenannte Tatvorsatz nicht „bewiesen" werden kann, sondern zugerechnet wird. „Dolus vere probari non potest, cum in animo

[18] Zu diesem Beispiel vgl. Stratenwerth, Strafrecht Allgemeiner Teil, Die Straftat, 1971, S. 290 ff. (Nrn. 1165 und 1177).

[18a] Siehe unten den Exkurs dazu.

consistat"[19]. Gewiß kann uns ein Kosubjekt mitteilen, welche Regeln es anzuwenden im Begriffe ist. (Daß auch der Empfang solcher Mitteilungen durch Zurechnungsakte bedingt ist, braucht wohl nicht mehr betont zu werden.) Aber Mitteilungen dieser Art sind im Grunde selten, und wir haben auch nicht das Gefühl, darauf angewiesen zu sein, begnügen wir uns doch meistens damit, auf die Erfüllung der inneren Bedingungen zu schließen, wenn wir die äußeren Bedingungen als erfüllt ansehen. Hier liegen die Wurzeln der alten, auf das Römische Recht zurückgehenden Lehre vom „dolus ex re", nach welcher die Umstände der konkreten Handlung einen Rückschluß auf das Handlungsbewußtsein erlauben[20]. In der Tat wäre es uns auch ganz unglaubwürdig, wollte etwa der Täter einer ganz offensichtlich verletzenden Handlung das Bewußtsein des Verletzungscharakters der Handlung leugnen; denn die Tat selbst bezeugt uns dann das Tatbewußtsein. Gewiß mögen wir es oft als problematisch empfinden, wenn wir einem Subjekt das Handlungsbewußtsein auf einer solchen Grundlage zusprechen; es bleibt dies aber trotzdem unsere einzige Möglichkeit.

Neben dem Bewußtsein der Regelanwendung wird nicht selten auch noch der „Wille" gefordert, die Tat zu begehen, jedenfalls läuft eine in der heutigen Strafrechtsdoktrin vielfach gebräuchliche Definition des Tatvorsatzes darauf hinaus,

---

[19] Diese Formel kann etwa bei Josephus Mascardus, Conclusiones probationum, 1661 Vol. II, S. 69, nachgelesen werden, ist aber wesentlich älteren Ursprungs und war schon den Postglossatoren geläufig (vgl. Engelmann, Irrtum und Schuld in der italienischen Lehre und Praxis des Mittelalters, 1922, S. 56).

[20] Vgl. Marcianus D.48.8.1.3: Divus Hadrianus rescripsit eum, qui hominem occidit, si non occidendi animo hoc admisit, absolvi posse, et qui hominem non occidit sed vulneravit, ut occidat, pro homicida damnandum: et ex re constituendum hoc: nam si gladium strinxerit et in eo percusserit, indubitate occidendi animo id eum admisisse: sed si clavi percussit aut cuccuma in rixa, quamvis ferro percusserit, tamen non occidendi animo.
Daß die Lehre vom dolus ex re nicht mit einer Vorsatzvermutung in dem juristisch-technischen Sinne einer praesumptio doli verwechselt werden darf, sollte eigentlich klar sein. Vgl. dazu vor allem Luden, Abhandlungen aus dem gemeinen teutschen Strafrechte, 2. Band 1840, S. 555 Fußn. 1. Leider hat es diese Verwechslungen immer wieder gegeben.

die den Vorsatz als „Wissen *und* Wollen der Tatbestandsverwirklichung“ bestimmt. Nun ist es sicherlich richtig, daß von einer Regelanwendung nicht gesprochen werden kann, wenn das Subjekt nicht den Willen zur Regelanwendung hat. Aber der Wille zur Regelanwendung ist mit dem Bewußtsein der Regelanwendung verbunden, und beide sind identisch mit dem handelnden Subjekt. Mit der Annahme, daß das handelnde Subjekt Rx aktuell bewußt realisiert, ist daher die Annahme, daß das Subjekt die Anwendung auch will, immer schon mitgesetzt. Das Gegenteil läßt sich jedenfalls nicht im Ernst behaupten, würde es uns doch nicht nur als unglaubwürdig, sondern als schlechterdings absurd erscheinen, wollte jemand sagen, er habe bei seiner Handlung zwar das aktuelle Bewußtsein der Anwendung von Rx, nicht aber den Willen dazu gehabt. Solche Rede wäre ein bloßes venire contra factum proprium[21]. Wer Trompete bläst und weiß, daß er Trompete bläst, der will auch Trompete blasen, und wer sein Opfer ins Herz schießt und dies bei Kenntnis der Gefährlichkeit seines Tuns auch weiß, der will auch töten.

Nun kann aber die Annahme des Regelanwendungsbewußtseins auch dann noch ausgeschlossen sein, wenn die Vorstellungen des Subjekts von seinem Handeln mit dem äußeren Vorgang zu korrespondieren scheinen, wenn es also zunächst durchaus so aussieht, als ob die inneren Bedingungen einer Befolgung von Rx erfüllt seien, und zwar ist das immer dann der Fall, wenn das Subjekt trotz eines scheinbaren Wissens um die von ihm realisierte Regel Rx doch, aus welchen Gründen auch immer, gar nicht um die Realisierung von Rx wissen kann. Kein Regelanwendungsbewußtsein ohne Wißbarkeit der Regelanwendung! Ein Kind etwa, das ohne jede Kenntnis der Schachregeln in einer von Dritten begonnenen Schachpartie

---

[21] Im Rahmen der für das Strafrecht wesentlichen „Abgrenzung von Vorsatz und Fahrlässigkeit“ ist dieser Gedanke in der Diskussion der letzten Jahrzehnte stärker in den Vordergrund gerückt worden. Vgl. etwa Schmidhäuser, Zum Begriff der bewußten Fahrlässigkeit, in: Goltdammer's Archiv für Strafrecht 1957, S. 305 ff. und Jakobs, Studien zum fahrlässigen Erfolgsdelikt, 1972, S. 104 ff.

eine Figur so verschiebt, daß der Gegner nunmehr mattgesetzt worden ist, weiß selbst dann nicht „wirklich" um die Regelgemäßheit seines Handelns, wenn es erklärt, den „richtigen" Zug gemacht zu haben; und wer seinem Opfer vergifteten Tee verabreicht, ohne auch nur wissen zu können, daß der Tee vergiftet ist, weiß selbst dann nicht um den Verletzungscharakter seines Handelns, wenn er glaubt, (reiner) Tee sei ein taugliches Tötungsmittel.

So gleichgültig es ist, aus welchen Gründen die äußeren Bedingungen von Rx nicht erfüllt sind, so gleichgültig sind auch hier die Gründe für die Nichterfüllung der inneren Bedingungen. Weiß das agierende Subjekt nicht um die Realisierung von Rx oder kann es das gar nicht wissen, dann wendet es die Regel Rx nicht an. Deshalb begeht auch keine Tötungshandlung, wer aktuell nicht um die Lebensgefährlichkeit seines Handelns weiß, und zwar auch dann nicht, wenn wir ihm puren Leichtsinn vorwerfen würden; und auch der Arzt, der seinem Patienten ein schädliches Medikament eingibt, dessen Gefährlichkeit er nicht kennt und in der konkreten Situation auch gar nicht kennen kann, begeht keine Verletzungshandlung, und zwar auch dann nicht, wenn wir ihm aus seiner Unkenntnis samt seiner Unfähigkeit zu wissen einen Vorwurf machen. Auch hier gehen wir von der Fiktion eines Verletzungshandelns aus, bringen wir zusätzliche Gesichtspunkte ins Spiel, die über die Gesichtspunkte einer reinen Handlungszurechnung hinausgehen, wenn wir Vorgänge dieser Art trotzdem wir Verletzungsakte behandeln. Auch hier handelt es sich um actiones occidendi seu vulnerandi imputandae in causa, die in ihrem Zusammenhang zu erörtern sind[21a].

Demgemäß läßt sich sagen, daß wir eine Körperbewegung bzw. eine Abfolge von Lauten einem Subjekt immer dann nicht als spezifische Handlung, d. h. als Anwendung der spezifischen Regel oder Regelgruppe Rx zurechnen,

---

[21a] Siehe unten den Exkurs dazu.

1. wenn wir annehmen (davon ausgehen),
   daß das Subjekt bei der Körperbewegung nicht um Rx weiß[22],
   a) weil es in der konkreten Situation nicht um Rx wissen kann, oder
   b) weil es (trotz dieser Wißbarkeit) aus anderen Gründen nicht aktuell um Rx weiß,

oder

2. wenn wir annehmen (davon ausgehen),
   daß das Subjekt (trotz seines aktuellen Wissens um Rx) Rx nicht realisiert,
   a) weil es in der konkreten Situation Rx gar nicht realisieren, gar nicht anwenden kann, oder
   b) weil es (trotz der Anwendbarkeit von Rx) Rx aus anderen Gründen nicht anwendet.

Gewiß klingen diese negativen Formulierungen seltsam. Wir haben das Gefühl, daß wir so nicht reden würden. Das liegt daran, daß wir nicht primär vom Charakter einer Handlung als so und so (nämlich gemäß Rx) beschaffener Handlung ausgehen und diesen Charakter nur ausnahmsweise ausschließen (wie wir bei der Zurechnung von Vorgängen als Handlungen schlechthin primär vom Handlungscharakter der Körperbewegungen der von uns anerkannten Kosubjekte ausgehen und diesen Handlungscharakter nur ausnahmsweise ausschließen), sondern statt dessen die Anwendung von Rx mit ihren Implikationen im Zurechnungsakt positiv annehmen. Die negativen Formulierungen vermögen jedoch zu zeigen, daß die Zurechnung eines Vorgangs als Handlung schlechthin und die Zurechnung als spezifische Handlung bei allen Unterschieden in der Struktur doch auch eine deutliche Ähnlichkeit aufweisen.

---

22 Der Unwissenheit um die Regel Rx steht die Unwissenheit darum gleich, daß Rx in der konkreten Situation anwendbar ist.

IV

Nun wären diese Zurechnungsstrukturen wie überhaupt die Überlegungen zur Zurechnung von Körperbewegungen oder Lauten als Handlungen nicht sonderlich interessant, wenn nicht der Zurechnungsakt gewisse Möglichkeiten schaffen würde, die anderenfalls gar nicht bestünden. Daß die Zurechnung eines Vorgangs als Handlung eine notwendige Bedingung für ein „Verstehen" dieses Vorgangs ist, ist bereits gesagt worden. Vor allem aber ist die Zurechnung eines Vorgangs als Handlung eine notwendige Bedingung für eine Kritik dieses Vorgangs, sei die Kritik nun im Ergebnis positiv oder negativ – ich kann einen Vorgang überhaupt nur dann kritisieren, wenn ich ihn als Handlung, und zwar als spezifische Handlung, voraussetze.

Einen Vorgang kritisieren bedeutet, ihn an einer oder mehreren Regeln messen; Kritik behauptet, daß der Vorgang regelkonform oder nicht regelkonform sei. Das in solcher Weise an Regeln Gemessene muß jedoch prinzipiell an Regeln meßbar sein, es muß m. a. W. die Form haben, kraft deren es überhaupt regelkonform sein kann, auch wenn sich dann herausstellt, daß es nicht regelkonform ist. Diese Form aber spreche ich dem Vorgang zu, wenn ich ihn seinerseits als Regelanwendung begreife, und offenbar gibt es auch gar keine Möglichkeit, ihm die für die Kritik notwendige Form auf eine andere Weise zuzusprechen. Also wird die Möglichkeit des Messens eines Vorgangs an Regeln – die Möglichkeit von Kritik – gerade und nur dadurch eröffnet, daß ich den Vorgang als Handlung zurechne.

Dieser Zusammenhang von Zurechnung und Möglichkeit von Kritik ist nicht neu. Er wird auch in der oben zitierten Stelle der Kantischen Rechtslehre[23] vorausgesetzt, die vollständig lautet: „Zurechnung (imputatio) in moralischer Bedeutung ist das Urteil, wodurch jemand als Urheber (causa

[23] A. a. O. (vgl. Fußn. 13).

libera) einer Handlung, die *alsdann* Tat (factum) heißt und *unter Gesetzen steht,* angesehen wird". Kant begreift an dieser Stelle „Gesetz" ausdrücklich als „moralisch-praktisches", damit offensichtlich eine bestimmte Art dessen bezeichnend, was hier „Regel" heißt.

Würde ich den Vorgang demgegenüber ganz anders als bloß äußeren Vorgang nehmen, dann könnte ich ihn nicht mit Regeln, welchen auch immer, konfrontieren, sondern nur mit Gesetzen – im naturalistischen Sinne des Wortes „Gesetz". In der Konfrontation mit Gesetzen aber kritisiere ich den Vorgang nicht. Die Übereinstimmung des Vorgangs mit den Gesetzen, denen er unterworfen ist, steht vielmehr von vornherein für mich fest. Ich kann die Übereinstimmung nur konstatieren und sonst nichts. Stelle ich bei der Konfrontation wider Erwarten eine Nichtübereinstimmung zwischen dem Vorgang und dem von mir angenommenen Gesetz fest, dann ist entweder meine Analyse des Vorgangs falsch oder meine Deutung des Gesetzes. Nicht der Vorgang wird dann einer Kritik unterzogen, sondern allenfalls werden es meine Feststellungen und Gesetzesannahmen, die ihrerseits wiederum Handlungen sind. Regeln dagegen sind niemals gerade deswegen falsch, weil die im Hinblick auf sie kritisierten Handlungen nicht mit ihnen übereinstimmen; im Gegenteil: ihre Richtigkeit wird in der Kritik auch der von ihnen abweichenden Handlungen gerade vorausgesetzt. Zwar beruht auch die Kritik einer Handlung unter anderem auf der ihr vorangehenden Annahme einer oder mehrerer Regeln, mit denen die Handlung in der Kritik konfrontiert wird, genauso wie die Konfrontation von Vorgängen und Gesetzen unter anderem auf dem Akt beruht, der zum Zwecke solcher Konfrontation die Gesetze voraussetzt. Aber mit dem Akt der Voraussetzung einer Regel zum Zwecke der Beurteilung einer Handlung wird die Regel als Maß für die zu kritisierende Handlung genommen, es hat sich die Handlung an der Regel zu bewähren, während bei der Konfrontation von Vorgängen und Gesetzen die Vorgänge als Maß für die Gesetze genommen werden und diese sich an jenen zu bewähren haben.

Kritik ist mithin die Konfrontation eines als Regelanwendung begriffenen Vorgangs mit einer zuvor zum Zwecke der Kritik vorausgesetzten Regel. Schon bei dem Zurechnungsakt, durch den ich den Vorgang als Handlung begriffen habe, habe ich eine Regel vorausgesetzt, nämlich die Regel, die ich in der Handlung als angewendet erachte. Jetzt, in der Kritik, setze ich wiederum eine Regel voraus, nämlich die Regel, an der ich die Handlung messe. Diese Regel kann genau dieselbe Regel sein, die ich als angewendet voraussetze, wenn und weil ich annehme, daß der Vorgang eine Handlung sei. Aber das braucht nicht so zu sein; ich kann eine Handlung auch im Hinblick auf andere Regeln oder Regelsysteme kritisieren. In meiner Annahme des Vorgangs als Handlung habe ich den Vorgang gesetzt als prinzipiell konfrontierbar mit jeder beliebigen Regel.

Nun kennen wir offensichtlich viele und vielerlei Regeln, aufgrund deren wir Handlungen kritisieren. Schließlich ist die kritische Beurteilung von Handlungen nicht eine Domäne der Juristen und Moralisten und solcher, die es ihnen gleichtun wollen. Es sind nur spezifische Regeln, die die Juristen und die Moralisten in ihrer Kritik anwenden. Kritik als solche aber ist eine alltägliche Beschäftigung, die oft genug auch alltägliche Regeln zum Maßstab nimmt. Wir alle fällen immerfort kritische Urteile, auch soweit wir nicht gerade im Hinblick auf Rechts- oder moralische Regeln urteilen, etwa dann, wenn wir eine Rede als konsistent oder inkonsistent, d. h. als vereinbar oder nicht vereinbar mit den dabei vorausgesetzten Regeln der Logik ansehen oder als sprachlich richtig oder unrichtig, wobei wir die Regeln der Grammatik und die übrigen Regeln der Sprache als maßgeblich voraussetzen. Setzen wir etwa die Sprachregel voraus, daß der Satz „es regnet" im normalen Kontext nur gebraucht werden darf, wenn es regnet, und nicht gebraucht werden darf, wenn die Sonne scheint, dann erachten wir die Verwendung dieses Satzes als irregulär, wenn er bei schönem Wetter ausgesprochen wird[24].

[24] Irregulär gebraucht wird der Satz, wenn er nicht zutrifft. Er kann dann eine Lüge enthalten, er kann aber auch auf einem Irrtum über die Tatsachen oder aber auf einem Irrtum über die Bedeutung der Floskel „es regnet" beruhen.

Wir fällen prinzipiell dieselben Urteile bei der Beschreibung von Zügen in einem Schachspiel, wenn wir meinen, daß ein Zug den konstitutiven oder nicht konstitutiven Regeln dieses Spiels entspricht oder nicht entspricht, oder beim Anhören eines Liedes, wenn wir meinen, daß der Sänger die Melodie oder die Töne hält oder nicht hält. Wir fällen vor allem auch dann solche Urteile, wenn wir Handlungen daraufhin beurteilen, ob sie im Hinblick auf den mit ihnen verfolgten Zweck zweckmäßig oder unzweckmäßig sind, indem wir dazu die einschlägigen Erfahrungsregeln als maßgeblich voraussetzen. Dabei ist es nicht etwa so, daß die Regeln, im Hinblick auf die wir eine Handlung beurteilen, mehr oder weniger allgemein anerkannt sein müßten. Wenn ein esoterischer Zirkel einen besonderen Aufnahmeritus hat, dann werden die diesen Ritus konstituierenden Regeln bei dem Urteil vorausgesetzt, ob eine Handlung ritusgemäß ist oder nicht. Die vorausgesetzten Regeln können den allgemein anerkannten Regeln sogar widersprechen, sie können gleichwohl als Maßstab für die Beurteilung einer Handlung genommen werden, wenn etwa ein Bandenchef den von einem Bandenmitglied begangenen Mord als für die Bande gut oder schlecht, als richtig oder nicht richtig durchgeführt beurteilt. Stets dann, wenn wir Handlungen als gut oder schlecht, recht oder unrecht, vertretbar oder nicht vertretbar, richtig oder unrichtig, wahr oder unwahr, angemessen oder unangemessen, überhaupt, wenn wir sie unter irgendwelchen Bewertungskategorien beurteilen, kritisieren wir sie im Hinblick auf irgendwelche dabei vorausgesetzte, artikulierte oder nicht artikulierte Regeln.

Wie die Beispiele zeigen, sind es aber nicht nur viele und vielerlei, sondern oft genug auch erheblich voneinander abweichende Regeln, die wir unseren kritischen Urteilen supponieren. Kritik einer Handlung bedeutet eben noch nicht, daß der Kritiker die kritisierte Handlung zu Recht kritisiert. Eine Kritik kann durchaus unberechtigt sein. Das liegt in der Logik von Kritik überhaupt begründet. Von der Logik der Kritik her gesehen ist es, wenn nur überhaupt irgendwelche Regeln zugrundegelegt werden, durchaus beliebig, welche Regeln wir der Kritik einer Handlung supponieren, weil der Akt der Voraussetzung jener Regeln, im Hinblick auf die die Handlung kritisiert wird, gegenüber dem Akt der Kritik dieser Handlung auf einer Metastufe steht. Der Voraussetzungsakt wird vom Akt der Kritik nicht mehr erreicht. So kann man zwar die Voraussetzung einer Regel, die zum Zwecke der Beurteilung einer Handlung vorgenommen wird, ihrerseits wieder kritisieren; denn sie ist selbst eine Handlung und daher auch selbst prinzipiell kritischen Urteilen unterworfen. Aber eine potentielle oder aktuelle Kritik des Voraussetzungsakts vermag an der Möglichkeit einer Konfrontation zwischen der im Voraussetzungsakt vorausgesetzten Regel und einer im Hinblick auf sie zu kritisierenden Handlung, also an der Möglichkeit einer Kritik der Handlung mittels dieser Regel nichts zu ändern. Kritik erörtert die zu kritisierende Handlung, aber nicht die Regeln, im Hinblick auf die die Handlung kritisiert wird. Diese werden vielmehr in der Kritik schlechthin als maßgeblich vorausgesetzt.

Nun ist die Kritik eines Vorgangs qua Handlung im Hinblick auf eine dabei vorausgesetzte Regel auch für die Zurechnung selbst wieder von Bedeutung. Kritik ergibt nämlich, wird sie vollständig durchgeführt, stets die Feststellung der Übereinstimmung oder Nichtübereinstimmung der Handlung mit der Regel. Eine derartige Feststellung wirkt aber notwendig auf den Zurechnungsakt zurück. Sie verändert sein Gesicht. Vor der Kritik der Handlung habe ich den Vorgang nur als Handlung zugerechnet, zwar als prinzipiell kritisierbare Handlung, aber doch als noch nicht kritisierte. Jetzt, nach erfolgter Kritik, da die bloße Möglichkeit von Kritik sich zu wirklicher Kritik verdichtet hat, rechne ich die Handlung immer noch zu, aber nicht mehr als nur kritisierbare, sondern als bereits kritisierte, und d.h. – je nach dem Ergebnis der Kritik – als regelgemäße oder als regelwidrige Handlung.

Dieser Übergang von der Zurechnung einer Handlung als bloß kritisierbarer zur Zurechnung der kritisierten Handlung hat bereits im Blickfeld der praktischen Philosophie des 18. Jahrhunderts gelegen, und er ist dort auch bemerkt worden. Zu seiner Bezeichnung standen die Begriffspaare „imputatio facti: imputatio iuris“ und „imputatio physica: imputatio moralis“ zur Verfügung[25]. Die imputatio facti etwa ist zu verstehen als die Zurechnung eines Vorgangs als Handlung, die imputatio iuris dagegen als die Zurechnung derselben Handlung als regelgemäßer oder regelwidriger Handlung – „regelgemäß“ und „regelwidrig“ bezogen auf ein spezifisches Regelsystem, die dabei vorausgesetzten Rechtsregeln (daher: „imputatio *iuris*“). Entsprechend ist die imputatio physica zu verstehen als Zurechnung eines Vorganges als Handlung, die imputatio moralis aber als Zurechnung dieser Handlung als moralisch kritisierter Handlung – „Moral“ hier wieder im engeren Sinne von Regeln der Sittlichkeit genommen. Das sind nicht jeweils zwei verschiedene „Arten“ von Zurechnung – „notandum est, imputationem facti et imputationem iuris non esse diversas imputationis species“, wie der Wolff-Schüler und Wolff-Kritiker Daries sagt[26] –, sondern zwar unterscheidbare, aber aufeinander aufbauende „Stufen“ der Zurechnung vor und nach der Kritik einer Handlung im Hinblick auf dabei jeweils vorausgesetzte Regeln, die zusammen erst die volle Zurechnung, die „imputatio plena“ (Daries[27]), ausmachen. Zwar ist das auch in der Naturrechtslehre des 18. Jahrhunderts nicht immer mit der erforderlichen Deutlichkeit gesehen worden, und man hat die Zurechnung der Handlung als kritisierter Handlung, also etwa die imputatio iuris, mit der Kritik der Handlung selbst verwechselt. Kritik ist aber etwas ganz

[25] Die genaue Herkunft dieser in der Folgezeit so erfolgreich gewordenen Gegenüberstellungen habe ich noch nicht klären können. M. E. stammen die Begriffspaare entweder von Christian Wolff oder aus seiner Schule. Die Begriffe „imputatio physica“ und „imputatio moralis“ finden sich jedenfalls bei Wolff, Philosophia Practica Universalis, 1738, § 642.

[26] Daries, Institutiones Iurisprudentiae Universalis, Editio nova, 1754, Scholium zu § 218.

[27] Daries a. a. O. (vgl. Fußn. 26) § 219. Vorsorglich bemerkt Daries dazu im Corollarium zu § 219: „Colligimus inde, plenam imputationem imputationis facti atque imputationis iuris genus non posse vocari.“

anderes, und schon Daries hat diese Verwechslung gerügt: Die imputatio sei nicht als adplicatio legis ad factum – wir müßten sagen: als Kritik der Handlung im Hinblick auf die Regeln des Rechts – zu definieren, vielmehr gehe jener Applikationsakt der imputatio iuris voran, während er der imputatio facti nachfolge[28]. Die Zurechnung zweiter Stufe ist zwar davon abhängig, daß die zugerechnete Handlung mit einer Regel in Beziehung gesetzt wird, aber sie ist mit dieser Konfrontation von Handlung und Regel eben keineswegs identisch, weil sie – im Unterschied zur bloßen Konfrontation – den Blick gerade auf das Subjekt der Handlung richtet, insofern sie diesem Subjekt die Handlung als kritisierte zuschreibt.

V

Von besonderem Interesse ist die Zurechnung zweiter Stufe, wenn die Kritik eine Regelwidrigkeit der kritisierten Handlung ergeben hat. Ist diese Regelwidrigkeit der Handlung gerade im Hinblick auf Rechts- oder moralische Regeln festgestellt worden, so spricht man hier auch von einer „Zurechnung zur Schuld". Solche Rede hat freilich Sinn nur, wenn es gelingt, den heute in der Strafrechtsdoktrin herrschenden Schuldbegriff angemessen zurückzuschneiden. Dieser Schuldbegriff hat eine Hypertrophie hinter sich, die ähnlich wie beim Handlungsbegriff zu einer Ontologisierung geführt hat. Nach dem ontologischen Schuldbegriff ist Schuld eine Bürde, die man auf sich lädt und die dann auf einem lastet. Aber das sind bloße Metaphern, die das, was wir im Gewissen, d. h. in der Selbstzurechnung, als belastend erfahren, zu einer lastenden Substanz hochstilisieren. Sowenig

---

[28] Daries a. a. O. (Fußn. 26) Scholium zu § 225. Aus zufällig aufgegriffenem Lesestoff vgl. Heineccius, Elementa Iuris Naturae et Gentium, Editio IIII, 1758, § LXXXXV, und Achenwall, Prolegomena Iuris Naturalis, 1774, § 29, die die „imputatio iuris" mit der „applicatio legis ad factum" gleichsetzen, und zwar zeitlich sogar noch nach der Kritik von Daries! Freilich vermögen diese Autoren nicht zu erklären, warum die Konfrontation von Handlung und Regel gerade „imputatio = Zurechnung" heißen soll.

„es“ Handlungen „gibt“, sowenig „gibt es“ auch Schuld. Schuld ist vielmehr das Ergebnis meiner Zurechnung einer rechts- oder moralwidrigen Handlung, sei die Handlung nun von mir selbst, sei sie von einem anderen begangen. Eine derartige Zurechnung nennt man auch „Beschuldigung“ oder „Anschuldigung“, was besagt, daß ich den Beschuldigten eben als *schuld an* seiner rechts- oder moralwidrigen Tat, d. h. als Urheber eben dieser Tat ansehe. Mehr kann das Wort „Schuld“ nicht bedeuten. Das lateinische „accusatio“ weist in dieselbe Richtung, da in ihm das Wort „causa“ steckt: Auch in der accusatio wird der Beschuldigte als causa, als Urheber der regelwidrigen Tat bezeichnet. Entsprechend bedeuten „Entschuldigung“ und „excusatio“, daß ich den zuvor Beschuldigten doch nicht als schuld an der regelwidrigen Tat ansehe. Die praktische Philosophie des 17. und 18. Jahrhunderts hat demgemäß dort, wo wir heute von „Schuld“ reden, von „reatus“ gesprochen, vom Anklagezustand, also von jener Situation, in der sich das Subjekt befindet, gegen das der zutreffende Vorwurf erhoben wird, eine rechts- oder moralwidrige Handlung begangen zu haben. Es ist heute in Vergessenheit geraten, daß das deutsche Wort „Schuld“, so wie es in der Strafrechtsdoktrin der Gegenwart gebraucht wird, ursprünglich eine Übersetzung jenes „reatus“ gewesen ist[29], die dann freilich ihr Eigenleben zu führen begonnen hat.

Zu der Zurechnung zur Schuld wird oft gesagt, daß es so etwas nicht geben dürfe. Es ist tunlich, vor einer Untersuchung der zur Unterstützung solcher Rede gelieferten Begründungen diese Rede selbst erst einmal einer Analyse zu unterziehen. Sie verfängt sich nämlich in ihren eigenen Vor-

---

[29] Zum Begriff „reatus“ vgl. z. B. Achenwall a. a. O. (Fußn. 28) § 35: „Defectus rectitudinis facti in poenam imputabilis vocatur reatus.“ Wolff versteht in den Institutiones Juris Naturae et Gentium, 1750, § 153 „reatus“ als „obligatio ad poenam patiendam“. Grolman übersetzt in seinen Grundsätzen der Criminalrechtswissenschaft, 1. Aufl. 1798, § 37 und § 44 „reatus“ mit „Schuld“, desgleichen: Tittmann, Handbuch der Strafrechtswissenschaft und der deutschen Strafgesetzkunde, 1806, S. 254. So auch noch das Criminallexikon von Jagemann und Brauer, 1854, im Artikel „Zurechnung“.

aussetzungen. Dem eigenen Anspruch nach propagiert sie ein Verbot: Zurechnung zur Schuld soll nicht sein! Nun wäre aber eine Konsequenz dieses Verbots das Verbot von Kritik überhaupt. Denn die Zurechnung zur Schuld ist nichts anderes als die Folge – genauer: das Implikat einer extensiven Implikation – der kritischen Betrachtung von Handlungen, wenn die Kritik zur Feststellung der Regelwidrigkeit der kritisierten Handlungen gekommen ist. Das ins Auge gefaßte Verbot möchte diese Folge aufheben. Damit hebt es aber notwendig auch den Grund mit auf, was auf dem Umkehrverhältnis von extensiver und intensiver Implikation beruht[30]. Das Ergebnis ist, daß schon die bloße Möglichkeit von Kritik entfällt. Nun ist aber die Aufstellung jenes Verbots Ausdruck einer negativen Beurteilung einer bestimmten Gruppe von Handlungen; mit ihr werden die Zurechnungsakte kritisiert. Kritik kann aber gemäß dem Verbot nicht mehr sein. Mithin verstößt die Aufstellung des Verbots selbst gegen das aufgestellte Verbot. Sie enthält eine petitio tollendi[31], eine – wie man sagen kann – pragmatische Antinomie, da sie einerseits die Möglichkeit der Kritik von Handlungen voraussetzt, andererseits aber die Unmöglichkeit der Kritik impliziert.

Es ist kein Zufall, daß auch die Begründungen, die für das Verbot gegeben werden, in dieselbe Antinomie geraten. Diese Begründungen laufen im wesentlichen auf einen Determinismus hinaus, freilich auf einen Determinismus besonderer Art, der nicht die logische Strenge des physikalisch-chemischen Determinismus hat, sondern in einer vagen Analogie dazu konstruiert wird. Der Determinist dieser Art stellt etwa zur Begründung seines Verbots einer Zurechnung zur Schuld die Behauptung auf, daß das Subjekt einer Handlung – was immer das in einer deterministischen Theorie sei – stets durch Anlage und Umwelt vollständig zu seiner Handlung

---

30 Zur Terminologie vgl. Klug, Juristische Logik, 3. Aufl. 1966, S. 26 ff.

31 Zum Begriff vgl. Lenk, Philosophische Logikbegründung und rationaler Kritizismus, in: Zeitschrift für Philosophische Forschung Bd. 24, 1970, S. 183 ff., 203.

determiniert sei. Wenn das aber richtig ist, dann muß auch diese Behauptung des Deterministen, die ja ebenfalls eine Handlung ist, ihrerseits durch Anlage und Umwelt des Deterministen vollständig determiniert sein. Das wiederum hat zur Folge, daß es ein bloßer Zufall wäre, wenn die Behauptung zuträfe, und darüber hinaus wäre es nicht einmal kontrollierbar, ob sie nun zutrifft oder nicht, denn jede Kontrollüberlegung und Kontrolluntersuchung und ihr Ergebnis wären ja ebenfalls durch Anlage und Umwelt des Kontrollierenden vollständig determiniert. Die Behauptung des Deterministen erweist sich damit als einer kritischen Erörterung nicht zugänglich, was bedeutet, daß sie irrational ist. Hält der Determinist seine Behauptung demgegenüber, was er wahrscheinlich tun wird, doch für rational, dann hat das die Konsequenz, daß er zumindest sich selbst als behauptendes Subjekt als frei setzt, womit er zwar seine These kritisierbar macht, sich damit aber gleichzeitig selbst in einen Widerspruch verstrickt.

Es bleibt mithin nichts anderes übrig, als von der Freiheit des handelnden Subjekts auszugehen. Das führt aber nun nicht etwa zu einem ontologisierenden Indeterminismus. Die Freiheit eines Subjekts ist sowenig eine ontologische Kategorie wie die Kategorien der Handlung und der Schuld. Vielmehr setze ich, indem ich eine Körperbewegung oder den Ausstoß eines Lautes als Handlung eines Subjekts annehme, das Subjekt als frei voraus, eben als *Ur*heber der Handlung, den ich zur Zurechnung eines Vorgangs als Handlung brauche, andernfalls ich gar keine Handlung, sondern nur noch den Ausschnitt eines physikalisch-chemisch determinierten Geschehens vor mir hätte. „Urheber“ ist die Kantische Übersetzung für das, was in der praktischen Philosophie vor Kant, bei Pufendorf und bei Christian Wolff, „causa libera“ heißt[32]. Freiheit, d. i. Abgelöstheit von den in der naturalistischen Perspektive anzunehmenden Determinationszusammenhängen,

[32] Vgl. Pufendorf, Elementorum a. a. O. (Fußn. 4) L. I D. I § 1, und De Jure Naturae a. a. O. (Fußn. 4) L. I C. V § 1, und Wolff, Philosophia Practica a. a. O. (Fußn. 25) §§ 526 ff.

ist ein Kennzeichen des Subjekts, das ich seinerseits nicht erkennen, sondern nur anerkennen kann, und somit vermag ich auch seine Freiheit nicht zu erkennen, sondern ich kann sie allein anerkennen.

VI

Wenn wir demgegenüber von unfreien Handlungen ausgehen – und zwar durchaus von unfreien *Handlungen*, nicht von lediglich determinierten Vorgängen –, so ist damit kein Fehler verbunden. Determinismus behauptet die Unfreiheit *aller* Handlungen und kann das widerspruchsfrei nicht einmal äußern. Ohne inneren Widerspruch aber läßt es sich durchaus sagen, daß wir *einzelne* Handlungen als unfrei ansehen. Das hat auch für die Zurechnung insofern Bedeutung, als in gewissen Fällen die Zurechnung zur Schuld zwar nicht unterbleibt – das ist prinzipiell nicht möglich –, aber doch zurückgenommen wird, nämlich dann, wenn wir eine Entschuldigung gelten lassen; und zwar lassen wir eine Entschuldigung stets dann gelten, wenn wir eine rechts- oder moralwidrige Handlung als unfrei begangen ansehen. Das eine ist ein Ausdruck für das andere: Stets dann, wenn wir eine rechts- oder moralwidrige Handlung als unfrei ansehen, entschuldigen wir sie, und stets dann, wenn wir sie entschuldigen, sehen wir sie als unfrei an. „Imputari nequeunt actiones nisi liberae", heißt es bei Christian Wolff[33].

Die Frage ist freilich, wann wir eine rechts- oder moralwidrige Handlung als unfrei anzusehen und deshalb zu entschuldigen haben. Begnügt man sich zur Beantwortung dieser Frage zunächst mit einer gewissen Plausibilität, wie man sie auch sonst in der Jurisprudenz oftmals für ausreichend erachtet, dann läßt sich in Analogie zu dem oben formulierten System möglicher Fälle, in denen wir Körperbewegungen

[33] Philosophia Practica a. a. O. (Fußn. 25) § 528.

oder Laute nicht als Handlungen zurechnen, ein System möglicher Fälle entwerfen, in denen wir rechts- oder moralwidrige Handlungen nicht zur Schuld zurechnen. Der Grundgedanke dieser Analogie ist folgender: Sowenig eine Körperbewegung eine Handlung ist, wenn das Subjekt aktuell um keinerlei Regeln weiß, die es anwenden könnte, oder, wenn es zwar weiß, es doch aktuell gehindert ist, eine Regel anzuwenden, sowenig wird eine regelwidrige Handlung frei begangen, wenn das Subjekt aktuell nicht um jene spezifische Regel weiß, im Hinblick auf die die Handlung als regelwidrig beurteilt wird, oder, wenn es zwar weiß, es doch aktuell behindert ist, jene Regel anzuwenden. Wer nicht um die Regel weiß oder wer behindert ist, sie anzuwenden, *kann* sie eben nicht anwenden und handelt deshalb in bezug auf sie unfrei. Unkenntnis oder Unvermögen in bezug auf *alle* möglichen Regeln beseitigen die Freiheit zum Handeln schlechthin – wir sehen die fragliche Körperbewegung dann nur noch in naturalistischer Perspektive und rechnen sie deshalb nicht *als Handlung* zu; Unkenntnis oder Unvermögen in bezug auf eine *einzelne* Regel beseitigen die Freiheit von Handlungen in bezug auf jene Regel – wir rechnen die Handlung dann nicht *zur Schuld* zu. Dabei tauchen Probleme auf ähnlich den Problemen, die sich bei der Zurechnung von Körperbewegungen oder Lauten als Handlungen gestellt haben. Zwar wird man auch hier noch a priori differenzieren können zwischen der Unfähigkeit, um die jeweils fragliche Regel zu wissen, und der aktuellen Unwissenheit aus anderen Gründen sowie zwischen der Unfähigkeit, die Regel zu befolgen, und der aktuellen Behinderung aus anderen Gründen. Aber es läßt sich nicht mehr a priori sagen, wann wir denn nun eigentlich anzunehmen haben, daß der Handelnde die maßgebliche Regel nicht kennt oder gehindert ist, sie anzuwenden. Auch hier schließen wir von äußeren Indizien, die wir mit an uns selbst gemachten Erfahrungen zusammenhalten, daß das Subjekt nicht um die anzuwendende Regel weiß oder an ihrer Befolgung aktuell gehindert ist. Erfahrungen sagen uns, wann von der Unfähigkeit zu wissen auszugehen ist, Erfahrungen, wann aus anderen Gründen jemand nicht um die maßgebliche Regel weiß. Fragen können wir den anderen sinnvollerweise jedenfalls nicht danach, um seine Unwissenheit sicher festzustellen. Abgesehen davon, daß eine derartige Frage schon als Frage bei dem anderen wenigstens die Fähigkeit voraussetzt, um die Regel zu wissen, würde sie, wenn sie in der Situation gestellt ist, in der die Regelanwendung geboten wäre, die Kenntnisse des anderen bereits verändern – er wüßte dann aufgrund der Frage um die Regel, und wenn sie nachträglich gestellt wird, dann wäre es niemals sicher, ob die gegebene Antwort nun richtig ist oder nicht. Erfahrungen sagen uns auch, wann wir von der Unfähigkeit zur Befolgung einer Regel trotz eines Wissens um sie auszugehen haben und wann eine Behinderung zur Regelbefolgung aus anderen Gründen anzunehmen ist. Solche Behinderung aus anderen Gründen nennen wir „Not". Not kann eine regelwidrige Handlung in einem nicht-deterministischen Sinne „not-wendig" und damit unfrei machen, insofern und insoweit die Handlung die Not, in die der Handelnde geraten ist, zu wenden vermag. Doch ist mit der Einführung neuer Vokabeln natürlich noch nichts gewonnen, da wir a priori auch nicht sagen können, wann jemand aus Not handelt. Das Recht schafft darum Regeln, aus denen hervorgeht, wann wir von einem Handeln aus Not auszugehen haben. Solche Zurechnungsregeln enthalten praesumptiones iuris, „Vermutungen", daß in den ihnen zuzuordnenden konkreten Situationen der rechtswidrig Handelnde aus Not gehandelt habe. Demgemäß kennt das deutsche Strafrecht eine Regel, nach der eine Handlung nicht zur Schuld zugerechnet werden darf, wenn der Täter „in einer gegenwärtigen, nicht anders abwendbaren Gefahr für Leben, Leib oder Freiheit eine rechtswidrige Tat begeht, um die Gefahr von sich, einem Angehörigen oder einer anderen ihm nahestehenden Person abzuwenden"[34]. Darüber hinaus wissen wir aber ebenfalls aus Erfahrung, daß der Handelnde nicht nur aus Not, sondern auch, wie man zur Unterscheidung sagen

[34] § 35 StGB.

kann, aufgrund einer Notlage an einem normgemäßen Verhalten gehindert sein kann, wenn nämlich die Notsituation den Handelnden unfähig macht, die maßgebliche Regel zu befolgen; was auf eine Kumulation der beiden a priori angebbaren Gründe des Unvermögens zur Regelbefolgung hinausläuft. Auch hierzu kennt das Recht Zurechnungsregeln, etwa das deutsche Recht eine Regel wenigstens für eine spezifische Notsituation, die Notwehrsituation, nach welcher Regel eine Handlung nicht zur Schuld zugerechnet werden darf, wenn der Täter „die Grenzen der Notwehr aus Verwirrung, Furcht oder Schrecken“ überschreitet[35].

Das System möglicher Fälle, in denen wir eine rechts- oder moralwidrige Handlung nicht zurechnen, das auf diese Weise im Hinblick auf die Gründe für die Nichtzurechnung von Körperbewegungen und Lauten als Handlungen entworfen werden kann, sieht danach so aus:

Wir rechnen eine rechts- oder moralwidrige Handlung einem Subjekt dann nicht zur Schuld zu,

1. wenn wir annehmen (davon ausgehen),
   daß das Subjekt bei der Handlung nicht um jene Rechts- oder Moralregel weiß, aufgrund deren wir die Handlung als rechts- oder moralwidrig beurteilt haben[36], und zwar
   a) weil es unfähig dazu ist (was bei einem Geisteskranken oder einem Betrunkenen der Fall sein kann), oder
   b) weil es (trotz dieser Fähigkeit) aus anderen Gründen aktuell nicht um jene Regel weiß (der Betreffende etwa die einschlägigen Vorschriften nicht gelesen hat),

[35] § 33 StGB. Das sächsische Strafgesetzbuch von 1855 kannte in Art. 97 auch eine entsprechende Bestimmung für die Überschreitung der Grenzen des Notstandes und der erlaubten Selbsthilfe. – Alle Entschuldigungsgründe dieser Art können infolgedessen nur dann eingreifen, wenn sich gerade der regelwidrig Handelnde – und sei es mittelbar – in Not befindet. Das muß auch für den sogenannten übergesetzlichen Entschuldigungsgrund gelten, wenn er ein Entschuldigungsgrund sein soll. Doch läßt die begriffliche Fixierung dieses Entschuldigungsgrundes bislang auf sich warten.

[36] Der Unwissenheit in bezug auf die Norm steht die Unwissenheit darum gleich, daß die Norm in konkreten Falle anzuwenden ist.

oder

2. wenn wir annehmen (davon ausgehen),
   daß das Subjekt (trotz eines Wissens um die fragliche Regel) bei der Handlung behindert ist, jene Regel zu befolgen, und zwar
   a) weil es unfähig ist, die Regel zu befolgen (was wiederum bei einem Geisteskranken oder einem Betrunkenen der Fall sein kann), oder
   b) weil es (trotz dieser Fähigkeit) aus anderen Gründen – aus „Not" – aktuell behindert ist, die Regel anzuwenden (Beispiele: die Fälle der sogenannten vis compulsiva).

Die Parallele zwischen den Gründen für die Nichtzurechnung von Körperbewegungen und Lauten als Handlungen und den Gründen für die Nichtzurechnung rechts- oder moralwidriger Handlungen zur Schuld ist jedoch zu glatt, um völlig plausibel zu sein. Das Rechtsgefühl wird jedenfalls wenigstens dann eine Entschuldigung für unangebracht halten, wenn der Handelnde seine Unwissenheit um die maßgebliche Regel oder sein Unvermögen, sie zu befolgen, mala fide herbeigeführt hat, etwa um die normwidrige Handlung leichter begehen zu können oder um für die Begehung einen Entschuldigungsgrund zu haben. Solche fides mala ist in bezug auf jeden Entschuldigungsgrund denkbar. Schon die alte Irrtumslehre kannte die ignorantia affectata seu vitiosa, in welcher der normwidrig Handelnde sich befindet, wenn er mala fide die einschlägigen Normen nicht zur Kenntnis genommen hat[37]. Dementsprechend läßt sich eine necessitas affectata denken, etwa die mala fide herbeigeführte Notlage dessen, der sich nach seinem Verrat darauf berufen möchte, daß er zu dem Verrat gezwungen worden sei[38]; und es läßt

[37] Vgl. dazu Hruschka, Conscientia erronea und ignorantia bei Thomas von Aquin, in: Festschrift für Welzel, 1974, S. 115 ff., 143. – Man denke etwa an eine gesetzliche Neuregelung der Ausübung eines Berufs, die ein Betroffener mala fide nicht zur Kenntnis genommen hat.

[38] Vgl. etwa den vom Bayerischen Obersten Landesgericht entschiedenen Fall, der in der Monatsschrift für Deutsches Recht 1955 S. 247 abgedruckt ist.

sich schließlich auch ein defectus affectatus denken, wie man die mala fide herbeigeführte Unfähigkeit des Subjekts zur Unrechtseinsicht oder zur Normbefolgung bezeichnen kann, und zwar jenes Subjekt, das sich gerade im Hinblick auf die zu begehende normwidrige Tat in diesen Zustand versetzt hat – eine Fallkonstellation, die jedem Juristen als der Schulfall einer sogenannten actio libera in causa geläufig ist. Eine ignorantia affectata, eine necessitas affectata oder ein defectus affectatus heben nach dem Rechtsgefühl die Möglichkeit einer Zurechnung der normwidrigen Handlung zur Schuld nicht auf, obwohl auch bei ihnen der Handelnde während der Tatbegehung die Norm nicht kennt oder nicht befolgen kann.

Das Mißbehagen bleibt indessen nicht auf solche exzeptionellen Fälle beschränkt, sondern erstreckt sich auf alle die Fälle, bei denen der normwidrig Handelnde zwar nicht seine Unwissenheit um die einschlägige Norm mala fide aufrechterhalten oder sein Unvermögen zur Normbefolgung mala fide herbeigeführt hat, bei denen aber die Unwissenheit oder das Unvermögen gleichwohl ihm, dem Handelnden, selbst zugeschrieben werden müssen. Christian Wolff erweitert demgemäß den Umkreis der freien Handlungen über den Kreis der Handlungen hinaus, die nach den aufgestellten Zurechnungskriterien sowieso von vornherein als frei anzusehen sind. Frei sind danach nicht nur die Handlungen, bei deren Begehung der Handelnde im Wissen um die übertretene Norm und im vollen Vermögen der Normbefolgung handelt, sondern darüber hinaus auch jene Handlungen, die zwar für sich allein betrachtet unfrei – nach Wolff: „natürliche" Handlungen – sind, die aber von einer ihnen zeitlich oder jedenfalls logisch vorangehenden freien Handlung oder Unterlassung abhängen: „Non imputari possunt nisi actiones liberae, quatenus liberae sunt, consequenter etiam eae, quae in se spectatae naturales quidem sunt, attamen ab actione quadam libera praecedente dependent"[39]. Zurechenbar sind danach auch

[39] Institutiones a. a. O. (Fußn. 29) § 3.

die in Unkenntnis der maßgeblichen Norm begangenen normwidrigen Handlungen, wenn diese Unkenntnis auf einer Nachlässigkeit des Handelnden beruht, zurechenbar auch die in einer Notlage begangenen normwidrigen Handlungen, wenn die Notlage auf ein seinerseits zurechenbares Verhalten des Handelnden zurückzuführen ist, und zurechenbar schließlich auch die in einem Defektzustand begangenen normwidrigen Handlungen, wenn der Handelnde seine Unfähigkeit zur Normerkenntnis oder zur Normbefolgung selbst zurechenbar herbeigeführt hat. Alle diese Handlungen gelten dann als frei; sie sind – wie man in Benutzung einer freilich erst nach Wolff aufgekommenen Terminologie sagen kann – zwar nicht bei der Begehung frei, nicht „actiones liberae in actu", weil bei ihnen der Handelnde entweder in Unwissenheit um die anzuwendende Norm oder im Unvermögen handelt, die Norm zu befolgen, aber sie sind doch „im Grunde" frei, „actiones liberae in causa", weil ihre aktuelle Unfreiheit dem Handelnden selbst zuzuschreiben ist[40].

Es ist im Hinblick auf die Sonderentwicklung, die die Strafrechtsdoktrin in Deutschland und in einigen Nachbarländern genommen hat, erforderlich klarzustellen, daß man im Verlaufe der Geschichte der Zurechnungslehre oft, wenn nicht zumeist auch solche normwidrigen Handlungen zur Schuld zugerechnet hat, die in einem vom Täter selbst zu verantwortenden Defektzustande begangen worden sind. Das geschilderte Mißbehagen an dem oben entworfenen System der Entschuldigungsgründe und seine Konsequenzen sind also alles andere als neu. Beispielsweise heißt es bei Thomas von Aquin[41] um 1270: „Aliquid potest esse voluntarium vel secundum se, sicut quando voluntas directe in ipsum fertur: vel secundum suam causam, quando voluntas fertur in causam et non in effectum, ut patet in eo qui

---

40 Zum Sinn des heute vielfach mißbrauchten Ausdrucks „actio libera in causa" vgl. Hruschka, Methodenprobleme bei der Tatzurechnung trotz Schuldunfähigkeit des Täters, in: Schweizerische Zeitschrift für Strafrecht, Bd. 90 1974, S. 48 ff., 55 ff.

41 Summa Theologica I–II q 77 a 7c.

voluntarie inebriatur; ex hoc enim quasi voluntarium ei imputatur quod per ebrietatem committit." Es kann danach ein Akt sowohl secundum se als auch secundum suam causam freiwillig (voluntarium) sein; letzteres ist aber gerade bei dem der Fall, der sich freiwillig betrunken hat, weshalb ihm als quasi freiwillig zugerechnet wird, was er im Zustande der Trunkenheit begeht. – Entsprechend heißt es Jahrhunderte später – 1817 – bei Krug[42], dem unmittelbaren Nachfolger Kants auf dessen Königsberger Lehrstuhl: „Folglich findet keine rechtliche Zurechnung statt . . . bei vernünftigen Wesen ohne Vernunftgebrauch, wenn dieser unverschuldet ist. Daher können Kindern und Blöd- oder Wahnsinnigen die von ihnen ausgehenden Rechtsverletzungen nicht zugerechnet werden, da ihnen das zur vernünftigen Willensbestimmung zureichende Bewußtsein der natürlichen und rechtlichen Beschaffenheit ihrer Handlungen ohne ihre Schuld fehlt. . . . Trunknen hingegen können ihre Handlungen allerdings zugerechnet werden, weil ihr Mangel am Vernunftgebrauche verschuldet ist, da sie vorher wissen konnten und sollten, daß ihre Unmäßigkeit diese Folge haben würde. Wäre jedoch jemand von einem anderen absichtlich in den Zustand der Trunkenheit versetzt worden, ohne daß er selbst eine Ahnung davon haben konnte, so würde die Zurechnung seiner Handlungen während der Trunkenheit von ihm hinweg sich auf den Andern wenden." Aber auch im deutschen Strafrecht selbst war diese Weise der Zurechnung zur Schuld lange Zeit hindurch anerkannt, berichtet doch Schaffstein[43], „daß das gemeine Recht alle ‚in voluntaria ebrietate' begangenen Straftaten ausnahmslos als actiones liberae in causa ansah", und im Preußischen Allgemeinen Landrecht von 1794[44] hieß es dementsprechend: „Wer sich selbst vorsätzlich, oder vermittelst eines groben Versehens, es sey durch Trunk oder auf andere Art, in Umstände versetzt hat, wo das Vermögen, frey zu handeln, aufgehoben oder

[42] Dikäologie oder philosophische Rechtslehre S. 232 f.

[43] Die allgemeinen Lehren vom Verbrechen in ihrer Entwicklung durch die Wissenschaft des Gemeinen Strafrechts, 1930, S. 104.

[44] Teil II Tit. 20 § 22.

eingeschränkt ist; dem wird das unter solchen Umständen begangene Verbrechen nach Verhältniß dieser seiner Verschuldung zugerechnet". Wenn das heutige Strafrecht in Deutschland und in einigen anderen Ländern auf einem anderen Standpunkt zu stehen scheint – freilich nur zu stehen *scheint*[45] –, so vermag das an der Plausibilität der aufgezeigten Zurechnungsstrukturen also nichts zu ändern.

VII

Freilich sind damit die Strukturen der zweiten Zurechnungsstufe nicht mehr als allenfalls plausibel gemacht. Die Rechnung ist zwar durchsichtig und geht ohne Rest auf, aber es ist doch die Frage, ob sie auch im Ansatz richtig ist.

Faßt man die bisherigen Überlegungen zusammen, so ist ihr Ergebnis jedenfalls dies, daß wir eine Entschuldigung stets, aber auch nur dann gelten lassen, also die Zurechnung zweiter Stufe stets, aber auch nur dann zurücknehmen, wenn wir davon ausgehen, daß die als rechts- oder moralwidrig kritisierte Tat in einer nicht ihrerseits zuzurechnenden Unkenntnis der maßgeblichen Regeln oder in einem nicht seinerseits zuzurechnenden Unvermögen, sie zu befolgen, begangen worden ist, gleichviel ob die Unkenntnis oder das Unvermögen auf einer entsprechenden Unfähigkeit des Handelnden oder auf anderen Gründen beruhen. Die Frage, die sich zum Schluß stellt, ist also die, ob sich diese zusammenfassende Entschuldigungsregel über den – möglicherweise geleisteten – Aufweis ihrer Plausibilität hinaus auch noch begründen läßt.

Nun könnten Juristen geneigt sein, diese Regel als zu weitgehend anzusehen. Den Blick gerichtet auf die – freilich heute nur mehr geahnte als erkannte – Parallelität zwischen der Zurechnung erster und der Zurechnung zweiter Stufe, genauer: auf die Parallelität zwischen den Gründen für die

---

45 Siehe dazu unten den letzten Exkurs.

Nichtzurechnung einer Körperbewegung oder eines Lautes als Handlung und den Gründen für die Annahme der aktuellen Unfreiheit einer Handlung könnten sie es ablehnen, aktuell unfreie Handlungen noch zur Schuld zuzurechnen, auch wenn die aktuelle Unfreiheit ihrerseits auf den Handelnden zurückzuführen ist. Um des vermeintlichen Prinzips willen könnten sie dabei sogar so weit gehen, auch die Handlungen, die mala fide aktuell unfrei sind, also die in einer ignorantia oder necessitas affectata und die in einem defectus affectatus begangenen Handlungen als nicht zurechenbar zu behaupten. Soweit im juristischen Schrifttum Bedenken erhoben werden, die in diese Richtung interpretiert werden müssen[46], pflegt man sich dazu auf das sogenannte Schuldprinzip zu berufen oder darauf, daß hier eine alte Zurechnungsregel wieder auflebe, deren Unanwendbarkeit man längst erkannt habe, nämlich die Regel, die das kanonische Recht des Mittelalters auf die Formel gebracht hat: „Versanti in re illicita imputantur omnia, quae sequuntur ex delicto"[47]. Doch sind solche Begründungen zirkulär, weil sie zuvor in das „Schuldprinzip" hineinlegen, was sie dann hinterher zur Stützung ihrer die Zurechnung einschränkenden Thesen wieder herausholen, und ein Hinweis auf die „Versari-Regel" wäre sogar unschlüssig, weil die aufgewiesenen Zurechnungsstrukturen das zurechenbare Herbeiführen der Unkenntnis der maßgeblichen Regeln oder des Unvermögens, sie anzuwenden, gar nicht als Pflichtverletzung nehmen, sondern als Obliegenheitsverletzung, aber nur bei der Annahme einer Pflichtverletzung davon gesprochen werden könnte, daß der Handelnde mit der Herbeiführung von Unkenntnis, Not oder Defektzustand „in facto illicito versiert" habe. Die aufgewiesenen Zurechnungsstrukturen nehmen das zurechenbare Herbeiführen der Unkenntnis oder des Unvermögens deswegen nicht als Verletzung einer Pflicht, sondern

46 Vgl. etwa Arthur Kaufmann, Unrecht und Schuld beim Delikt der Volltrunkenheit, in: Juristenzeitung 1963 S. 425 ff.

47 Vgl. dazu Kollmann, Die Lehre vom versari in re illicita im Rahmen des Corpus juris canonici, in: Zeitschrift für die gesamte Strafrechtswissenschaft, Bd. 35, 1914, S. 46 ff.

als Obliegenheitsverletzung, weil sie nicht gebieten, jedenfalls nicht unbedingt gebieten, sich in Kenntnis der maßgeblichen Regeln zu halten, und nicht unbedingt verbieten, sich in ein Unvermögen ihrer Anwendung zu versetzen, sondern eben nichts weiter tun, als die Zurechenbarkeit regelwidriger Handlungen bei zurechenbarer Unkenntnis oder zurechenbarem Unvermögen festzustellen. Nur wenn sie ein unbedingtes Gebot statuierten, ergäbe sich aus ihnen eine Pflicht; so aber wird durch sie nur bedingt geboten, sich die Freiheit der Regelbefolgung zu erhalten, es ist nur ratsam, das zu tun, und das ist eine Obliegenheit.

Wer davon ausgeht, daß die Verweigerung einer Entschuldigung für die in zwar aktueller, aber zurechenbarer Unfreiheit begangenen rechts- oder moralwidrigen Handlungen im Grunde der Regel zuwiderläuft, daß alle aktuell unfreien Handlungen zu entschuldigen sind, setzt diese Regel absolut und wundert sich dann über die Ausnahmen. In Wirklichkeit sind aber schon die Entschuldigungen alles andere als selbstverständlich und in höchstem Maße begründungsbedürftig, macht doch schon jede Entschuldigung ihrerseits eine Ausnahme von einem Zurechnungsprinzip, dem wir in vielen Fällen folgen, nämlich dem Prinzip, regelwidrige Handlungen im Ergebnis ohne jede Rücksicht auf Freiheit oder Unfreiheit ihrer Begehung zuzurechnen. Es lohnt sich, sich über *diese* Ausnahmen zu wundern.

Wir folgen dem Prinzip entschuldigungsloser Zurechnung regelwidriger Handlungen in vielen Fällen, in denen die Nichtanwendung gemeinschaftskonstitutiver Regeln in Rede steht. Alle denkbaren Regeln lassen sich daraufhin unterscheiden, ob sie allein das einzelne Subjekt oder ob sie eine Gemeinschaft von Subjekten betreffen, und die letzteren daraufhin, ob sie gemeinschaftskonstitutiv sind oder nicht. Jede Gemeinschaft von Subjekten ist gerade darum Gemeinschaft, weil für die Subjekte der Gemeinschaft bestimmte gemeinsame Regeln gelten. Das gilt für jede Gemeinschaft, für die Rechtsgemeinschaft, für die Gemeinschaft sittlich handelnder Subjekte, die man „Moralgemeinschaft“ nennen kann, aber auch für eine Fülle verschiedener anderer Gemeinschaften, etwa für eine Gemeinschaft von Gesprächspartnern, für eine Sprachgemeinschaft oder für eine Gemeinschaft von Schachspielern. Die gemeinschaftskonstitutiven Regeln setzen wir dabei häufig als so wesentlich voraus, daß wir die Nichtanwendung dieser Regeln seitens eines Kosubjekts trotz Indikation ihrer Anwendung als einen Selbstausschluß des Subjekts aus der Gemeinschaft erachten, sei es, daß wir das Kosubjekt von vornherein nicht als zugehörig zu der Gemeinschaft ansehen, sei es, daß wir eine zuvor bestehende Gemeinschaft nunmehr als beendet ansehen. Wer die Regeln der Argumentationsgemeinschaft nicht anwendet, indem er etwa auf einem Widerspruch beharrt, gehört dieser Gemeinschaft nicht oder nicht mehr an, und zwar auch dann nicht, wenn er weiterredet; wer die Regeln einer Sprachgemeinschaft nicht beherrscht oder aus anderen Gründen nicht anwendet, gehört der Sprachgemeinschaft nicht oder nicht mehr an, und zwar auch dann nicht, wenn er weiter Laute ausstößt; wer die Regeln des Schachspiels nicht anwendet, spielt nicht oder nicht mehr Schach, und zwar auch dann nicht, wenn er die Schachfiguren hin- und herschiebt. Entsprechend argumentieren wir nicht mehr mit dem, der sich aus der Argumentationsgemeinschaft ausgeschlossen hat, und wir sprechen oder spielen nicht mehr mit dem, der die konstitutiven Regeln der Sprach- oder Spielgemeinschaft übertreten hat. Wir würden sagen, daß wir ein weiteres Argumentieren, Sprechen oder Spielen als „zwecklos“ ansähen. Das beruht nicht etwa, wie moderne Ideologen leicht anzunehmen geneigt wären, auf dem „Willen“ der Gemeinschaft, solche Regelwidrigkeiten zu „ahnden“, sondern ist eine einfache Konsequenz des mit der regelwidrigen Handlung vollzogenen Selbstausschlusses. Es gibt Sprichwörter, in denen diese Erkenntnis zum Ausdruck kommt: „Wer einmal lügt, dem glaubt man nicht, und wenn er auch die Wahrheit spricht.“ Wer lügt, schließt sich damit aus der Gemeinschaft derer aus, die die Wahrheit sagen, und die Skepsis seinen späteren Behauptungen gegenüber ist keine „Sanktion“ der Gemeinschaft, sondern eine unvermeidliche Folge der regelwidrigen Tat. Die Zurechnung ist nur ein deklaratorischer Akt, der den Selbstausschluß aus der Gemeinschaft konstatiert. Von einer Zurücknahme der Zurechnung, von einer Entschuldigung ist bei alldem aber normalerweise nicht die Rede. Schon die Kategorie der Entschuldigung würde häufig gar nicht passen. Der Selbstausschluß aus der Gemeinschaft wegen Nichtanwendung der gemeinschaftskonstitutiven Regeln findet statt, gleichgültig ob die Nichtanwendung dieser Regeln ihrerseits „vorwerfbar“ ist oder nicht. Wir argumentieren nicht rational mit einem Geisteskranken, der nicht zu argumentieren versteht, auch wenn wir ihm seine Lage nicht „zurechnen“; wir sprechen nicht deutsch mit einem Ausländer, der nicht deutsch sprechen kann, auch wenn es höchst vernünftige Erklärungen dafür gibt, der Ausländer also für seine Unkenntnis nicht „verantwortlich“ ist; wir spielen nicht Schach mit jemandem, der die Schachregeln nicht beherrscht oder nicht anwendet, auch wenn das nicht auf seinem „Verschulden“ beruht. Wir können allenfalls Scheinargumentationen führen, zum Schein deutsch sprechen oder zum Schein Schach spielen; die eigentümliche Situation, daß wir zusammen mit dem anderen unter den je spezifischen selben Regeln der jeweiligen besonderen Gemeinschaft stehen, ist dabei aber beseitigt.

Es ist hier nicht der Ort, alle Konsequenzen zu diskutieren, die sich für die Rechts- und die Moralgemeinschaft aus diesen Überlegungen ergeben. Eine dieser Konsequenzen wäre die Annahme, daß eine rechts- oder moralwidrige Handlung gleichbedeutend ist mit einem Selbstausschluß des handelnden Subjekts aus der Rechts- oder der Moralgemeinschaft. Die Zurechnung ist jedenfalls auch bei der Rechts- und der Moralgemeinschaft zunächst einmal nichts weiter als ein deklaratorischer Akt, der – unter dieser Annahme – den vollzogenen Selbstausschluß konstatiert, und nicht etwa „Strafe“, die von der Gemeinschaft verhängt, oder gar „Rache“, die von ihr geübt wird[48]. Für die heutige Gesellschaft, die ihren Blick ein-

[48] Ähnliche Überlegungen sind auch früher angestellt worden; vgl. z. B. Fichte, Grundlage des Naturrechts nach Prinzipien der Wissenschaftslehre, 1796,

seitig und noch dazu vordergründig allein auf den Zurechnungsakt gerichtet hält und die begrifflichen und sachlichen Folgen rechtswidriger Taten kaum noch bedenkt, wäre das freilich eine höchst unerfreuliche und unerwünschte Konsequenz, die man kaum auszusprechen wagt. Doch kommt es darauf hier nicht an. Entscheidend ist vielmehr allein, daß wir von dem dargestellten Prinzip entschuldigungsloser Zurechnung Ausnahmen machen, wenn es um die Nichtbefolgung konstitutiver Regeln der Rechts- oder der Moralgemeinschaft geht.

Vor der Frage, worauf diese Ausnahmen beruhen, ist die Frage zu stellen, wie sie überhaupt möglich sind. Sie werden dadurch möglich, daß wir die Regelbefolgung bei der Rechts- und bei der Moralgemeinschaft als Ausdruck für eine Einstellung des die Regeln befolgenden Subjekts nehmen, während wir bei den anderen Gemeinschaften die Befolgung der gemeinschaftskonstitutiven Regeln für sich allein betrachten und keine solchen Rückschlüsse von einem Verhalten auf eine Einstellung ziehen. Schon die Frage danach, ob im Einzelfall eine Entschuldigung angebracht ist, könnte sich gar nicht erheben ohne einen solchen ihr vorgängigen Rückbezug des Verhaltens auf eine Einstellung des handelnden Subjekts. „Rechtlichkeit" – bei der Rechtsgemeinschaft – und „Moralität" der Subjekte – bei der Moralgemeinschaft – sind danach die entscheidenden Bedingungen für das Bestehen dieser Gemeinschaften. Das ändert jedoch nichts an der Eigenschaft der jeweils maßgeblichen Regeln, gemeinschaftskonstitutive Regeln zu sein, die für alle der Gemeinschaft zugehörigen Subjekte gelten. Denn auch unter dieser Voraussetzung ist es nicht etwa so, daß bei der Rechts- und der Moralgemeinschaft alles auf die bloße „Einstellung" ankäme. Vielmehr beurteilen wir die Einstellung eines Subjekts nach seinem Verhalten – nur verbale Kundgebungen, die nicht von den entsprechen-

§ 20. – Der Selbstausschluß durch die Verletzung konstitutiver Regeln braucht übrigens nicht ein endgültiger zu sein. Ihm kann die Wiederaufnahme in die Gemeinschaft nachfolgen. Dieser Akt der Wiederaufnahme, der „Verzeihung", ist von der Entschuldigung scharf zu unterscheiden.

den Taten begleitet sind, würden wir jedenfalls nicht als Ausdruck der „wahren“ Einstellung eines Subjekts akzeptieren –, und die jeweiligen konstitutiven Regeln sagen uns, wie sich ein Subjekt verhält, wenn es rechtlich oder moralisch eingestellt ist.

Wenn das aber so ist, dann beurteilen wir die rechtliche oder moralische Einstellung eines Kosubjekts zwar einerseits danach, ob seine Handlungen regelgemäß sind, andererseits aber gehen wir nicht von einer starren Verknüpfung von Regelbefolgung und Einstellung aus. Zwar ist die Einhaltung der fraglichen Regeln durch ein Kosubjekt für uns ein Indiz für seine Rechtlichkeit oder Moralität, aber sie ist auch nicht mehr. Denn der Schluß vom Verhalten auf die Einstellung ist nicht zwingend. Das Umgekehrte gilt entsprechend. Auch die Nichtübereinstimmung einer Handlung mit den Regeln des Rechts oder der Moral ist zwar ein Indiz für einen Mangel an Rechtlichkeit oder Moralität des handelnden Subjekts, aber mehr ist sie nicht. Gegenindizien können dieses Indiz entkräften, und von solchen Gegenindizien gehen wir aus, wenn wir das regelwidrige Handeln entschuldigen, d. h. den Handelnden doch nicht als den „wahren“ Urheber jener regelwidrigen Handlung ansehen.

Damit werden auch die Grenzen möglicher Entschuldigungen deutlich. Offensichtlich bleibt die rechts- oder moralwidrige Handlung in den Fällen einer ignorantia affectata, einer necessitas affectata oder eines defectus affectatus ein unwiderlegtes Indiz für die unrechtliche oder unmoralische Einstellung des Handelnden, ist doch die aktuelle Unfreiheit gerade in dieser Einstellung herbeigeführt worden. Damit entfällt aber die Möglichkeit, die Tat zu entschuldigen; jedenfalls schafft die aktuelle Unfreiheit keine Gegenindizien.

Dasselbe gilt im Ergebnis auch für die übrigen rechts- oder moralwidrigen Handlungen, die in zurechenbarer Unkenntnis der maßgeblichen Regeln oder in zurechenbarem Unvermögen der Regelbefolgung begangen werden. Wenn wir jede Regelbefolgung als ein Indiz für die Rechtlichkeit oder Moralität des handelnden Subjekts nehmen, dann heißt das, daß wir sie auf die Sorge des handelnden Subjekts um die Einhaltung der Regeln zurückführen. „Rechtlichkeit“ und „Moralität“ sind danach gleichbedeutend mit der „Sorge des Subjekts um die Einhaltung der Regeln des Rechts bzw. der Moral“. Solche Sorge schließt aber notwendig die Sorge darum ein, sich in Kenntnis der maßgeblichen Regeln und im Vermögen ihrer Anwendung zu erhalten. Denn diese Kenntnis und dieses Vermögen sind notwendige Bedingungen für die Anwendung der Regeln. Daraus ergibt sich, daß sich nicht um die Einhaltung der Regeln sorgt, wer sich die Regelbefolgung erschwert oder unmöglich macht, und genau das tut das Subjekt, das sich durch Tun oder Unterlassen zurechenbar in eine Unkenntnis der Regeln oder in ein Unvermögen der Regelanwendung versetzt. Kommt es in diesem Zustand dann zu einer regelwidrigen Handlung, dann kann die Indizwirkung dieser Handlung nicht durch den Hinweis auf die aktuelle Unfreiheit des agierenden Subjekts beseitigt werden, weil die zurechenbar herbeigeführte Unfreiheit keine Gegenindizien schafft, ist sie doch ihrerseits Ausdruck des Mangels an Sorge des Subjekts um die Einhaltung der Regeln und damit Ausdruck eines Mangels an Rechtlichkeit oder Moralität.

Die Konsequenz daraus ist die, daß wir, wenn wir überhaupt entschuldigen, allein jene rechts- oder moralwidrigen Handlungen entschuldigen können, die das Subjekt in einer nicht zurechenbaren Unkenntnis der maßgeblichen Regeln oder in einem nicht zurechenbaren Unvermögen der Regelbefolgung begangen hat, weil allein in diesen Fällen die aktuelle Unfreiheit des Handelnden die Wirkung eines Gegenindizes entfalten kann, die die mit der Regelwidrigkeit der Handlung zunächst gegebene Vermutung eines Mangels an Rechtlichkeit oder Moralität aufzuheben vermag.

So bleibt nur noch die Frage, was uns denn veranlaßt, die Anwendung der Rechts- und der Moralregeln seitens eines Subjekts auf seine Einstellung zurückzubeziehen. Diese Frage ausführlich zu beantworten, würde jedoch den gegebenen

Rahmen sprengen. Einige Andeutungen müssen genügen. Die getroffene Unterscheidung zwischen den Gemeinschaften, bei denen wir die Einhaltung der gemeinschaftskonstitutiven Regeln mit den bezeichneten Folgen aus einer Einstellung des Subjekts herleiten, und jenen Gemeinschaften, bei denen wir das nicht tun, läuft auf die andere Unterscheidung hinaus, daß wir bei den Gemeinschaften der letzteren Gruppe die Kenntnis der fraglichen Regeln und das Vermögen ihrer Anwendung als eine notwendige Bedingung für die Zugehörigkeit zu der jeweiligen Gemeinschaft betrachten, während wir bei den Gemeinschaften der ersten Gruppe die Zugehörigkeit nicht von der entsprechenden Kenntnis und dem entsprechenden Vermögen abhängig machen. Wir begnügen uns statt dessen mit der am Verhalten gemessenen und damit in gewisser Weise unterstellten Sorge des Subjekts um die Einhaltung der fraglichen Regeln als Voraussetzung für die Zugehörigkeit, und auch das nur, wenn und soweit das Subjekt unseres Erachtens zu solcher Sorge überhaupt in der Lage ist. Die Kenntnis und das Vermögen gelten uns zwar als in höchstem Maße wünschenswert, ja es gilt uns als unerläßlich, daß die Mehrzahl der Subjekte der Gemeinschaft darüber verfügt, aber mehr als eine solche praktische Notwendigkeit sehen wir darin nicht.

Was aber ist darin impliziert? Ist es doch nur dann sinnvoll, von der Forderung abzugehen, daß das Subjekt zur Teilnahme an der Gemeinschaft die konstitutiven Regeln dieser Gemeinschaft zu kennen und das Vermögen ihrer Anwendung mitzubringen hat, wenn wir voraussetzen, daß das Subjekt ohne seinen Willen von vornherein und bis auf weiteres der Rechts- und der Moralgemeinschaft zugehört. Doch wie können wir eine solche Voraussetzung machen? Wie soll es möglich sein, daß ich einer Gemeinschaft angehöre, vielleicht ohne daß ich darum weiß, geschweige denn, daß ich meinen Beitritt gewollt habe?

Nun müssen wir in der Tat immer schon eine Gemeinschaft annehmen, der jedes Subjekt von vornherein und bis auf weiteres gerade darum angehört, weil es sich als Subjekt unter anderen Subjekten versteht. Es ist dies die Gemeinschaft sich wechselseitig anerkennender Kosubjekte. Diese Gemeinschaft gehe ich nicht ein, sondern ich gehe immer schon von ihr aus, wenn ich eine Gemeinschaft besonderer Art eingehe, weil erst die Annahme einer Gemeinschaft der Kosubjektivität das Eingehen besonderer Gemeinschaften ermöglicht. So setze ich etwa diese Gemeinschaft voraus, wenn ich mich anschicke, mit einem anderen zu sprechen oder Schach zu spielen, weil ich überhaupt nur unter dieser Voraussetzung den Versuch machen kann, mich mit dem anderen unter den besonderen Regeln eines Gesprächs oder des Schachspiels zusammenzutun. Es ist offensichtlich, daß jedenfalls für diese fundamentale Gemeinschaft der Kosubjektivität andere, weniger strenge Zurechnungsregeln gelten müssen als für die besonderen Gemeinschaften, die erst in ihr und durch sie zustande kommen.

Mir scheint, daß wir die Rechts- und Moralgemeinschaft mit dieser fundamentalen Gemeinschaft der Kosubjektivität gleichsetzen, wenn wir normwidriges Verhalten unter Rückbezug auf eine Einstellung des Subjekts entschuldigen. Andernfalls müßten wir die Rechts- und die Moralgemeinschaft als besondere Gemeinschaften innerhalb der Gemeinschaft der Kosubjektivität auffassen, für die die Kenntnis der konstitutiven Regeln und das Vermögen ihrer Anwendung unabdingbare Voraussetzungen der Zugehörigkeit wären[49]. Solche Gleichsetzung hat natürlich ihre Konsequenzen. Nicht nur müssen wir die Rechts- und die Moralgemeinschaft dann zumindest teilweise als eine einzige Gemeinschaft auffassen, wir müssen darüber hinaus auch annehmen, daß die konstitutiven Regeln des Rechts und der Moral als konstitutive Regeln der fundamentalen Gemeinschaft der Kosubjektivität von uns

[49] In diese Richtung gehen etwa Zurechnungsregeln wie die gelegentlich vertretene Regel „ignorantia iuris nocet“ (freilich kann der Satz „ignorantia iuris non excusat“ manchmal auch nur schlicht bedeuten, daß eine unvermeidbare Unkenntnis nicht anerkannt wird – vgl. dazu etwa Hruschka, Welzel-Festschrift a. a. O. (Fußn. 37) bes. S. 148 f.). Auch die Nichtanerkennung eines entschuldigenden Notstandes gehört hierher.

schon immer irgendwie vorausgesetzt werden, woraus sich die Aufgabe ergibt, diese Voraussetzung nach Form und Inhalt näher zu klären. Jedenfalls können wir dann weder annehmen, daß die konstitutiven Regeln des Rechts oder der Moral zwischen den Kosubjekten vereinbart, noch können wir annehmen, daß sie einseitig statuiert worden sind, muß doch jede Zumutung einer Regel und jede Vereinbarung von einer bereits bestehenden Kosubjektivität ausgehen. Indessen sind das Folgerungen, denen hier nicht weiter nachzugehen ist[50].

Exkurs zur subjektiven Versuchstheorie

Wie notwendig eine Explikation der oben in Abschnitt III beschriebenen logischen Bedingung der Möglichkeit von Zurechnungsakten ist, zeigt die in der deutschen Strafrechtsdoktrin herrschende sogenannte subjektive Versuchstheorie mit ihrer These, daß auch der Einsatz eines untauglichen „Mittels" zum Zweck der Begehung einer Straftat einen Versuch dieser Straftat darstellt. Dies jedenfalls solange, als der Versuch einer Straftat dabei – dem allgemeinen Sinn des Wortes „Versuch" entsprechend – als der Beginn der Straftat aufgefaßt wird, der Versuch eines Totschlags also als der Beginn eines Tötungshandelns[51]. Geht man davon aus, dann ist der Versuch einer bestimmten Handlung der Anfang der Anwendung jener Regeln, die ich, der Zurechnende, als angewendet erachte, wenn die Handlung zu Ende geführt worden

---

[50] In diese Richtung gehen, wie mir scheint, einige wichtige Ansätze in der Philosophie der Gegenwart; vgl. etwa Apel, Transformation der Philosophie, 2 Bde. 1973; für die Rechtsphilosophie besonders wichtig dort der Beitrag: Das Apriori der Kommunikationsgemeinschaft und die Grundlagen der Ethik – Zum Problem einer rationalen Begründung der Ethik im Zeitalter der Wissenschaft, in Bd. II S. 358 ff.

[51] Wenn der „Versuch" einer Tat durch eine mehr oder weniger beliebige Nominaldefinition vom Beginn der Tat abgelöst wird, gilt natürlich etwas anderes; doch sollte man dann um der intellektuellen Redlichkeit willen auf den Gebrauch des Ausdrucks „Versuch" ganz verzichten.

ist, also der Versuch eines Totschlags der Anfang der Anwendung der von mir angenommenen Regeln des Tötens. Demgegenüber besagt die fragliche These der subjektiven Versuchstheorie, daß ein Handeln schon dann als Beginn eines Tötungshandelns zugerechnet werden könne, wenn der *Handelnde* sein Handeln als Tötungshandeln ansieht. Damit wird aber der Unterschied zwischen Sätzen wie „er unternimmt einen Tötungsversuch" und „er glaubt, einen Tötungsversuch zu unternehmen" beseitigt – und zwar schon für die Beschreibung der Handlung selbst. Das führt zu erstaunlichen Konsequenzen, kann ich dann doch etwa dem, der zu einer meiner Meinung nach zum Totschlag ungeeigneten, von ihm aber für geeignet gehaltenen Handlung ansetzt, gar nicht mehr widersprechen, wenn er erklärt, er versuche, jemanden zu töten. Ich bin im Gegenteil gezwungen, ihm das auch noch zu bestätigen, weil allein seine Meinung für die Qualifizierung der Handlung ausschlaggebend sein soll. Der Fehler, der dabei gemacht wird, besteht darin, daß nach der fraglichen These ich als der Zurechnende mich auch dann an die Meinung des Handelnden zu binden habe, wenn ich selbst mit meiner Annahme von der Untauglichkeit des eingesetzten „Mittels" expressis verbis davon ausgehe, daß das Handeln gerade nicht als (Anfang der) Anwendung einer als solcher von mir akzeptierten Erfahrungsregel aufgefaßt werden kann, die lehrt, daß der Einsatz jenes „Mittels" zum Tode des Opfers führt. Damit sage ich nichts anderes als dies: „Der Täter hat mit einer Tötungshandlung begonnen, aber ich glaube nicht, daß der Einsatz jenes ‚Mittels' der Anfang eines Tötungshandelns ist". Die These der subjektiven Versuchstheorie zwingt mich also in eine Inkonsistenz. Gewiß ist es nicht ausgeschlossen, daß ich die Meinung eines Täters über den Charakter seines Handelns übernehme und auf dieser Grundlage die Handlung den Vorstellungen des Täters entsprechend als so und so beschaffene zurechne. Aber dann muß ich, will ich konsequent bleiben, diese Vorstellung des Täters auch wirklich teilen und kann mich nicht gleichzeitig mit der von ihr geleiteten Zurechnung von ihr distanzieren.

Der Jurist mag an den Widerspruch so gewöhnt sein, daß er ihn gar nicht mehr bemerkt. Nimmt man aber einmal ein rechtlich irrelevantes Beispiel, dann wird die Inkonsistenz offenkundig. Werde ich zustimmen oder werde ich widersprechen, wenn ein Klavierspieler behauptet, er versuche Orgel zu spielen? Ich werde ihm nicht recht geben, auch wenn sein Irrtum im Tatsächlichen begründet ist (etwa weil das Klavier in einer Kirche an dem üblichen Orgelplatz steht usw.). Der Vertreter der subjektiven Versuchstheorie aber müßte zustimmen, ja er dürfte nicht einmal sagen, daß der Handelnde sich irrt, weil ja für ihn allein dessen Meinung maßgeblich ist[52].

Exkurs zum Unterlassungsbegriff

Mit der bei der Zurechnung von Handlungen gemachten Annahme von Alternativen kommt der Begriff des Unterlassens ins Spiel. Ein Unterlassen ist die Nichtanwendung einer

52 Die fast widerspruchslose Hinnahme jener These der subjektiven Versuchstheorie in der heutigen Strafrechtsdoktrin ist eigentlich erstaunlich, lehrt doch die immer häufiger vertretene Theorie von der „objektiven Zurechnung" in ihren Konsequenzen das genaue Gegenteil. Nach der Theorie von der „objektiven Zurechnung" kann ein Ereignis auch dann als bloßer Zufall angesehen werden mit der Folge, daß es nicht als Erfolg der Handlung gilt, wenn es – naturalistisch betrachtet – Wirkung der Handlung ist, ja sogar dann, wenn der Handelnde mit seinem Handeln auf den Eintritt dieses Ereignisses abzielte; und zwar wird das stets dann angenommen, wenn ich keine Erfahrungsregel anerkenne, aufgrund deren die Handlung als Mittel zum Zweck der Herbeiführung des Erfolges eingesetzt werden kann. So ist in dem Schulbeispiel der Tod durch Blitzschlag Zufall, aber nicht Erfolg der Handlung, wenn jemand das Opfer in Tötungsabsicht auf die Straße geschickt hat, vorausgesetzt, ich anerkenne keinen Erfahrungssatz, aufgrund dessen das Spazierengehen bei Gewitter lebensgefährlich ist. Die Theorie von der „objektiven Zurechnung" lehnt also mit Rücksicht darauf, daß hier keine Erfahrungsregel angewendet worden ist, die Annahme eines vollendeten Tötungshandelns ab, und das, obwohl das Opfer tot ist. Diese Folgerung wird oft gezogen, nicht gezogen aber wird die weitere Konsequenz, daß dann auch nicht mehr sinnvoll von dem Beginn eines Tötungshandelns gesprochen werden kann. Freilich ist mir auch kein Vertreter der subjektiven Versuchstheorie bekannt, der einen versuchten Totschlag hier expressis verbis annehmen würde. Vielmehr bleiben die Konsequenzen der Theorie von der „objektiven Zurechnung" für die Versuchslehre schlicht unerörtert.

Regel oder Regelgruppe, deren Anwendung in der konkreten Situation für das Subjekt möglich ist. Das Subjekt, das die Regel Rx anwendet, unternimmt die damit gekennzeichnete spezifische Handlung, weil und insofern es die in der Situation anwendbaren bestimmten Regeln oder Regelgruppen Ry, Rz . . . , die mit Rx inkompatibel sind, nicht anwendet, weil und insofern es also unterläßt, die damit gekennzeichneten alternativen Handlungsmöglichkeiten zu ergreifen.

Wir rechnen auch Unterlassungen zu, ja jede Zurechnung eines Vorgangs als so und so beschaffene Handlung impliziert bereits die Annahme der dieser Handlung korrespondierenden Unterlassungen. Dabei behandeln wir die Unterlassungen zunächst einmal genauso wie Handlungen, wir machen also in bezug auf sie zunächst einmal dieselben Annahmen, die wir auch bei der Zurechnung von Handlungen schlechthin machen. Mithin rechnen wir die Nichtanwendung von Regeln schlechthin dann nicht als ein Unterlassen zu,

1. wenn wir annehmen (davon ausgehen),
   daß das Subjekt um keine einzige Regel weiß, die es anwenden könnte,
   a) weil es unfähig ist, um anwendbare Regeln zu wissen, oder
   b) weil es (trotz dieser Fähigkeit) aus anderen Gründen aktuell um keine einzige Regel weiß,

oder

2. wenn wir annehmen (davon ausgehen),
   daß das Subjekt (trotz eines Wissens um anwendbare Regeln) gehindert ist, irgendeine Regel zu befolgen,
   a) weil es dazu unfähig ist, oder
   b) weil es (trotz dieser Fähigkeit) aus anderen Gründen daran gehindert ist.

Geht es dann freilich – bei gegebener allgemeiner Handlungsmöglichkeit – um die Nichtanwendung gerade der spezifischen Regel Ry, dann zeigt sich ein charakteristischer Unterschied zu der Zurechnung von Handlungen. Zwar enthält auch die Zurechnung einer spezifischen Unterlassung

– der Zurechnung spezifischer Handlungen entsprechend – sowohl die Annahme, daß äußere, wie auch die Annahme, daß innere Bedingungen der Nichtanwendung von Ry erfüllt sind. Aber diese Bedingungen sind teilweise negativ, die Zurechnung einer Unterlassung schließt die Annahme der Abwesenheit des Unterlassenen ein, fassen wir doch das Unterlassen gerade als einen nicht als real anzunehmenden Nicht-Vorgang auf – im Gegensatz zum Handeln, das wir als einen von uns als real postulierten Vorgang auffassen. Die Annahme der Nichtanwendung von Ry enthält daher die Annahme, daß die äußeren Bedingungen der Erfüllung von Ry gerade nicht erfüllt sind. Im übrigen aber enthält sie, da ein Unterlassen eine entsprechende Handlungsmöglichkeit voraussetzt, auf der Seite der äußeren Bedingungen genauso wie die Zurechnung von Handlungen die Annahme, daß die Regel Ry in der konkreten Situation für das Subjekt doch anwendbar, doch realisierbar ist.

Die Annahme der Anwendbarkeit von Ry schließt die Annahme einer Alternative dazu ein. Daher können wir mangels Anwendbarkeit von Ry auch nicht von einem Unterlassen der Anwendung von Ry sprechen, wenn wir in einer konkreten Situation davon ausgehen, daß überhaupt keine Alternative besteht. Wiederum ist es gleichgültig, aus welchen Gründen keine Alternative besteht. Wer nicht schwimmen kann, unterläßt, wenn sonstige Möglichkeiten nicht bestehen, nicht die Rettung eines Ertrinkenden. Wer so betrunken ist, daß er sich nicht rühren kann, unterläßt es nicht, bei Herannahen eines Zuges die Schranke zu schließen, was konsequenterweise auch dann gilt, wenn gerade das seine Aufgabe ist. Deshalb gehen wir auch hier von einer Fiktion aus, bringen wir zusätzliche Gesichtspunkte ins Spiel, wenn wir das Nichtschließen der Schranke durch den Schrankenwärter mit allen seinen Konsequenzen als ein Unterlassen behandeln. Wir nehmen dann – im Unterschied zu einem Unterlassen in actu – eine omissio specialis imputanda in causa an[53].

[53] Häufig wird hier freilich von einer „omissio libera in causa", sogar von einer „actio libera in causa" gesprochen, doch beruht das auf einer Verkennung

Was die inneren Bedingungen anlangt, so enthält die Annahme einer spezifischen Unterlassung die Annahme, daß das Subjekt um die Nichtanwendung von Ry weiß, was einerseits das Wissen um die Anwendbarkeit von Ry, andererseits aber auch die Wißbarkeit der Nichtanwendung von Ry einschließt. Fehlt das Bewußtsein der Nichtanwendung von Ry aus irgendwelchen Gründen, dann reden wir in einem genauen Sinne nicht mehr von einem Unterlassen der Anwendung dieser Regel. Der Vater, der sein auf den Wellen treibendes Kind aus Unaufmerksamkeit für einen wertlosen Stoffetzen hält, ist sich nicht bewußt, daß er eine an sich mögliche Rettungshandlung nicht unternimmt, ebensowenig der Arzt, der mangels ausreichender Vorkenntnisse ein rettendes Medikament nicht verabreicht, das ihm zuhanden und dessen Eingabe medizinisch indiziert ist. Beider Nichthandeln ist daher kein Unterlassen in actu, läßt sich aber freilich unter Einbeziehung zusätzlicher Gesichtspunkte als omissio specialis imputanda in causa deuten, wie im nächsten Exkurs zu erörtern ist.

Da die Annahme der Anwendbarkeit irgendeiner Regel durch die Annahme einer Alternative dazu bedingt ist, sind Handeln und Unterlassen begrifflich voneinander abhängig. Ein Handeln ohne ein gleichzeitiges ihm korrespondierendes Unterlassen ist undenkbar. Ebensowenig ist aber auch ein Unterlassen im strengen Sinn des Wortes ohne ein gleichzeitiges ihm korrespondierendes Handeln denkbar. Wem ein Handlungsspielraum gleichviel welcher Größe wirklich offensteht, wer also mehrere Handlungsmöglichkeiten aktuell bewußt vor sich sieht, der muß eine von ihnen ergreifen. Ein „absolutes" Unterlassen ist undenkbar. Auch wer scheinbar „nichts tut", tut etwas, er bleibt etwa träge im Bett liegen und versetzt sich in Schlaf o. ä., und er unterläßt dabei gleichzeitig etwas, nämlich aufzustehen. Erst wenn er schläft, handelt er nicht mehr, aber er unterläßt dann auch nichts mehr[54].

des Unterschiedes zwischen den verschiedenen Zurechnungsstufen. Nicht darum geht es hier, ob das Unterlassen des Schrankenwärters als in causa frei anzusehen ist, sondern darum, ob es überhaupt als ein Unterlassen zugerechnet werden kann.

[54] Vgl. dazu auch Rödig a. a. O. (vgl. Fußn. 17) S. 81 ff.

Das kann dazu führen, daß wir ein Verhalten nicht mehr als ein spezifisches Handeln oder als ein spezifisches Unterlassen bestimmen können, sondern als ambivalent betrachten müssen, und zwar ist das immer dann der Fall, wenn wir in bezug auf einen bestimmten Vorgang einen Handlungsspielraum von zwei und nur zwei Alternativen annehmen. Gehen wir etwa davon aus, daß ein Autofahrer nur die Alternative hat, das ihm in den Weg laufende Kind zu überfahren oder ihm auszuweichen, und überfährt er in dieser Lage das Kind, dann ist das eine Verletzungshandlung gerade deswegen, weil er die bestehende Möglichkeit, dem Kinde auszuweichen, nicht ergreift. Genau damit nehmen wir aber gleichzeitig auch ein spezifisches Unterlassen an, nämlich das Unterlassen der Rettung des gefährdeten Kindes durch ein Ausweichen, das indessen seinerseits nur deswegen als ein derartiges Unterlassen zugerechnet werden kann, weil der Autofahrer die ihm gegebene Möglichkeit, das Kind zu überfahren, tatsächlich realisiert. Das Überfahren als Handlung schließt das Nicht-Ausweichen als ein Unterlassen ein und umgekehrt. Die Beschränkung des Handlungsspielraums auf zwei Alternativen ist hier Zufall. Sie kann aber auch logisch notwendig sein. So sind in bezug auf den Aufenthalt an einem bestimmten Ort immer nur zwei Alternativen denkbar, vorausgesetzt, daß überhaupt eine Handlungsmöglichkeit besteht: Ich kann an dem Ort bleiben, oder ich kann mich von ihm entfernen; eine dritte Möglichkeit gibt es nicht. Bleibe ich, dann liegt in diesem Bleiben ein Handeln nur, weil ich trotz der Möglichkeit dazu es unterlasse, mich zu entfernen, was ein Unterlassen aber nur deswegen ist, weil ich die Möglichkeit zu bleiben ergreife. Die in der Strafrechtsanwendung gelegentlich relevante Frage, ob ein Handeln oder ein Unterlassen vorliegt, wäre hier falsch gestellt. Vielmehr rechnen wir hier sowohl ein spezifisches Handeln wie auch ein spezifisches Unterlassen zu, die untrennbar miteinander verbunden sind[55].

[55] Deshalb ist auch die in der Strafrechtslehre diskutierte Frage, ob der Täter einer sogenannten Unfallflucht eine (verbotene) Handlung begehe oder eine (gebotene) Handlung unterlasse, falsch gestellt. Die Tat ist insoweit ambivalent.

Exkurs zur actio sive omissio specialis imputanda in causa

Die oben im Abschnitt III als Beispiele für mögliche actiones laedendi imputanda in causa bezeichneten Fälle werden in der strafrechtlichen Literatur regelmäßig unter dem Stichwort „Fahrlässigkeit" erörtert. Das wäre nicht weiter bedeutsam, wenn der Begriff der „Fahrlässigkeit" nicht dabei in einen Gegensatz zum „Tatvorsatz" gestellt würde. Nun kann es aber so sein, daß der sklerotische Autofahrer, der einen Menschen überrollt, um seine Reaktionsunfähigkeit und die daraus resultierende Gefährlichkeit seines Fahrens für Dritte weiß, daß auch der unwissende Arzt, der eine Behandlung mit letalem Ausgang übernimmt, um seinen Mangel an genügenden Vorkenntnissen weiß und daß sie deshalb beide, jedenfalls wenn sie die Möglichkeit eines Schadenseintritts einkalkulieren, „vorsätzlich" handeln. Das zeigt, daß die übliche begriffliche Einordnung unzutreffend ist. Nicht eine „Fahrlässigkeit" des Handelns macht das Charakteristische dieser Fälle aus, sondern die Zurechnung eines Verletzungsvorgangs als Verletzungshandeln trotz des Fehlens jeweils eines Moments, das für die Annahme einer spezifischen Verletzungshandlung an sich erforderlich ist, und darin und nicht in einer „Fahrlässigkeit" kommen diese Fälle mit den Standardfällen „fahrlässigen Handelns" überein, etwa mit dem Fall des anderen Autofahrers, der einen Menschen überrollt, weil er aus unbewußter Unaufmerksamkeit die besondere Gefährlichkeit seiner Fahrweise verkennt.

Bei allen diesen Fällen geht es um die Frage, ob Verletzungsvorgänge, die in actu nicht als actiones laedendi zurechenbar sind[56], doch als Verletzungshandlungen in causa angesprochen werden können[57]. Vor jeder Antwort auf diese

---

[56] Das Überrollen mit dem Auto in dem ersten Fall nicht wegen der Reaktionsunfähigkeit des Fahrers, in dem anderen Fall nicht mangels aktuellen Bewußtseins der Regelrealisierung, die Eingabe des falschen Medikaments nicht wegen der Unerkennbarkeit seiner letalen Wirkung für den behandelnden Arzt.

[57] Dabei ist es gleichgültig, ob gelegentlich Vorgänge, die diesen Vorgängen zeitlich vorangehen (actiones praecedentes), ebenfalls als Verletzungshandlungen

Frage ist aber zu fragen, was eine solche Zurechnung, wenn man sie akzeptiert, überhaupt möglich machen würde. Nun pflegen wir in der Rechtsgemeinschaft die Vornahme gewisser für Dritte gefährlicher Handlungen und die Übernahme gefahrgeneigter Tätigkeiten unter normalen Umständen nur dann zu gestatten, wenn bestimmte Bedingungen erfüllt sind, bestimmte andere Bedingungen erfüllt bleiben und bestimmte weitere Bedingungen erfüllt werden. Die nähere Bestimmung dieser Bedingungen wechselt von Fall zu Fall. Wir halten das Autofahren normalerweise nur dann für erlaubt, wenn der Fahrer bei Antritt der Fahrt über das erforderliche Reaktionsvermögen verfügt und wenn er außerdem während der Fahrt die erforderliche Aufmerksamkeit aufbringt. Die Übernahme einer ärztlichen Behandlung halten wir normalerweise nur dann für erlaubt, wenn der Arzt von Anfang an die erforderlichen Kenntnisse und Fähigkeiten mitbringt und wenn er außerdem im Verlaufe der Behandlung ebenfalls die erforderliche Aufmerksamkeit an den Tag legt. Für die im vorangehenden Exkurs angeführten Beispielsfälle einer omissio specialis imputanda in causa gilt Entsprechendes, steht doch die Erlaubnis für die Übernahme einer Tätigkeit als Schrankenwärter unter der Auflage, daß das Subjekt sich in einem Zustand erhält, der die Erfüllung der Aufgaben als Schrankenwärter möglich macht, und ist es dem Vater doch nur dann erlaubt, sein Kind am Wasser spielen zu lassen, wenn er mit der erforderlichen Aufmerksamkeit über das Kind wacht. In den hier interessierenden Fällen erfüllt das Subjekt die ihm gestellten oder auferlegten Bedingungen gerade nicht, trotzdem nimmt es die gefährliche Handlung vor (fährt trotzdem mit dem Auto, bringt das Kind trotzdem ans Wasser), bzw. trotzdem übernimmt es die gefahrgeneigte Tätigkeit (die Krankenbehandlung, die Aufgabe des Schrankenwärters). Wenn irgend-

---

zugerechnet werden könnten oder nicht, weil es hier nicht auf die Zurechenbarkeit irgendwelcher, sondern gerade der Vorgänge im Zeitpunkt der Verletzung geht. Es kann sein, daß wir sowohl die actio praecedens wie auch die actio imputanda in causa als Verletzungshandeln auffassen. Zu der Parallele auf der Ebene der zweiten Zurechnungsstufe vgl. Hruschka a. a. O. (Fußn. 40).

wo die Möglichkeit einer Zurechnung zu suchen ist, dann in dieser Diskrepanz: Vornahme der gefährlichen Handlung bzw. Übernahme der gefahrgeneigten Tätigkeit bei gleichzeitigem Nichterfülltsein der gestellten Bedingungen oder Nichterfüllung der gemachten Auflagen unter Fortsetzung der gefährlichen Handlung bzw. nach erfolgter Übernahme der Aufgabe – freilich jeweils mit der Einschränkung, daß die Vornahme der Handlung oder die Übernahme der Tätigkeit unter Nichterfüllung der von Anfang an zu erfüllenden Bedingungen und daß die Nichterfüllung der später zu erfüllenden Auflagen ihrerseits zurechenbar sind. Wollte man diese Diskrepanz ausarbeiten, dann ließe sie sich als Ausdruck einer Rücksichtslosigkeit deuten, als Ausdruck eines Nichtzurücksehens auf die Belange der von der vorgenommenen Handlung oder der übernommenen Aufgabe tangierten dritten Subjekte, vergleichbar mit der oben in Abschnitt VII bezeichneten Sorglosigkeit, die ihrerseits den Grund abgibt für die schließliche entschuldigungslose Zurechnung der in zurechenbarer Unkenntnis oder in zurechenbarem Unvermögen der Normbefolgung begangenen normwidrigen Handlungen.

Damit aber zeigt sich, daß die Zurechnung der als actiones sive omissiones speciales imputandae in causa infrage kommenden Vorgänge gar nicht vorgenommen werden kann ohne einen ausdrücklichen Hinweis auf den Inhalt der Gestattungen und der mit ihnen verbundenen Bedingungen und Auflagen als detaillierter Ausarbeitungen des Verletzungsverbots, also nicht ohne einen ausdrücklichen Hinweis auf den Inhalt von Regeln, die sonst erst der Kritik der Handlungen und nicht schon der Zurechnung erster Stufe zugrundeliegen. Darin unterscheidet sich eine in actu von einer in causa zuzurechnenden Verletzungshandlung: Mag es auch so sein, daß die erstere nur deswegen in unser Blickfeld gerät, weil wir im Hinblick auf irgendwelche Regeln ein Interesse an ihr nehmen, so kann sie als Verletzungshandlung doch wenigstens ohne jeden Hinweis auf eine sie betreffende rechtliche Regel, etwa ein Verletzungsverbot, *beschrieben* werden; die letztere dagegen läßt sich ohne einen Hinweis auf ein Verletzungsverbot überhaupt nicht als Verletzungshandlung *formulieren*. Das aber bedeutet, daß ein Urteil über die Zurechenbarkeit der hier in Rede stehenden Vorgänge an dieser Stelle und in diesem Zusammenhang noch gar nicht abgegeben werden kann. Die rechtliche Zurechnung setzt hier eine Unrechtslehre voraus, die den Rahmen einer Zurechnungslehre sprengen müßte[58].

Exkurs zum Vollrauschtatbestand im heutigen Strafrecht

In der „Schuld"lehre des heutigen deutschen Strafrechts zeigen sich gewisse Verwerfungen, die hier angemerkt werden müssen. Das dargestellte System der Entschuldigungsgründe wird zwar auch hier expressis verbis anerkannt, seit dem 1. 1. 1975 im wesentlichen sogar durch das Gesetz. „Ohne Schuld handelt" danach, wer (1a) „bei Begehung der Tat unfähig ist, das Unrecht der Tat einzusehen", einschließlich der Kinder, bei denen diese Unfähigkeit vermutet wird, sowie derjenige, dem (1b) überhaupt „bei Begehung der Tat die Einsicht fehlt, das Unrecht der Tat einzusehen", und „ohne Schuld handelt" auch, wer (2a) unfähig ist, gemäß seiner Unrechtseinsicht zu handeln, oder wer (2b) eine rechtswidrige Handlung aus Not oder aufgrund einer Notlage begeht[59]. Dar-

---

58 Die Schwierigkeiten, die sich der Strafrechtslehre mit dem Fahrlässigkeitsbegriff und dessen genauer Lozierung im Begriff der Straftat stellen, haben hier ihre Wurzeln, setzt doch die Fahrlässigkeit bekanntlich nicht nur eine Erkennbarkeit der Regelrealisierung, sondern auch die Pflichtwidrigkeit des Nichterkennens voraus, Momente, die verschiedenen Stufen des Verbrechensaufbaus anzugehören scheinen, weshalb die Fahrlässigkeit ihre seltsame Wanderung durch sämtliche Stufen (von der „Schuld" über die „Rechtswidrigkeit" zum „Tatbestand") hat durchmachen müssen.

59 Vgl. §§ 17, 19, 20, 33, 35 StGB. – Daß die Anerkennung der entschuldigenden Wirkung einer krankhaft bedingten Unfähigkeit zur Unrechtseinsicht und die Anerkennung der entschuldigenden Wirkung eines Verbotsirrtums (im engeren Sinne) zusammengehören, ist bereits von Dreher, Verbotsirrtum und § 51 StGB, in: Goltdammer's Archiv für Strafrecht 1957 S. 97 ff., gesehen worden. Über die Parallelität zwischen der Anerkennung der entschuldigenden Wirkung einer krankhaft bedingten Unfähigkeit zum einsichtsgemäßen Handeln und der Anerkennung der entschuldigenden Wirkung gewisser Notlagen vgl. auch bereits Brauneck, Der strafrechtliche Schuldbegriff, in: Goltdammer's Archiv für Strafrecht 1959 S. 261 ff.

über hinaus werden diese Entschuldigungsregeln auch für gewisse Fälle den geschilderten Einschränkungen unterworfen. Eine Entschuldigung ist danach ausgeschlossen bei einer rechtswidrigen Tat, bei der der Täter zwar ohne Unrechtseinsicht handelt, er diesen Mangel aber hätte vermeiden können, und eine Entschuldigung ist ausgeschlossen bei einem rechtswidrigen Handeln aus Not, wenn der Täter die Notlage selbst herbeigeführt hat. Damit sind auch die Fälle der ignorantia affectata und im wesentlichen auch die der necessitas affectata erfaßt. Für die Fälle jedoch, bei denen der Täter unfähig ist, das Unrecht seiner Tat einzusehen, oder unfähig, seiner Unrechtseinsicht gemäß zu handeln, kennt das deutsche Strafgesetzbuch keine entsprechenden Einschränkungen. Nach dem Wortsinn des Gesetzes können daher auch solche Taten nicht zugerechnet werden, bei denen der Täter jene Unfähigkeit selbst zurechenbar herbeigeführt hat, ja sogar dann nicht, wenn das mala fide im Hinblick auf die Tat geschehen ist. Für alle diese Fälle geht das Gesetz expressis verbis davon aus, daß der Täter „schuldunfähig“ sei.

Das heißt indessen nicht, daß ein Mißbehagen an einer Entschuldigung des Täters, der seinen Defektzustand selbst zu verantworten hat, nicht empfunden würde. Doch hat man es prinzipiell bei dieser Entschuldigung belassen und ist auf den Ausweg verfallen, die zurechenbare Herbeiführung der Unfähigkeit zur Unrechtseinsicht oder zum einsichtsgemäßen Handeln selbst unter Strafe zu stellen – vorausgesetzt allerdings, daß der Täter im Defektzustande eine rechtswidrige, aber angesichts der gesetzlichen Regelung nicht mehr zurechenbare Tat begeht. Das ist seit einigen Jahrzehnten gesetzlich festgelegt[60]. In der strafrechtlichen Literatur ist dazu mit Recht bemerkt worden, daß damit die Zurechnung der normwidrigen Handlung im Grunde doch – gewissermaßen implizit – vorgenommen wird[61]. In der Tat haben sich die aufge-

60 § 330a StGB; im wesentlichen seit dem Gesetz vom 24. 11. 1933 (RGBl. I S. 995).

61 Vgl. Kaufmann a. a. O. (Fußn. 46), der gerade diesen Gedanken besonders hervorgehoben hat.

zeigten Zurechnungsstrukturen damit durchgesetzt, wenn auch unter einem irreführenden Etikett.

Wie wenig freilich der Umweg über eine nominelle Bestrafung der Herbeiführung des Defektzustandes befriedigt, vielmehr alles auch zur expliziten Zurechnung der im zurechenbaren Defektzustande begangenen rechtswidrigen Tat hindrängt, zeigt die Behandlung der Fälle des defectus affectatus in Deutschland. Das Gefühl eines Ungenügens an der gesetzlichen Regelung ist angesichts dieser Fälle so stark und so weit verbreitet, daß Rechtsprechung und Strafrechtsdoktrin seit langem eine Rechtsfigur geschaffen haben, die in den Fällen des defectus affectatus eine ausdrückliche Bestrafung wegen der rechtswidrigen Tat erlaubt. Diese Figur wird unter dem Stichwort „actio libera in causa“ diskutiert[62]. Mit ihr ist der Anwendungsbereich der Gesetzesbestimmung, nach der ein Defektzustand ohne Rücksicht auf seine Zurechenbarkeit entschuldigend wirkt, praeter legem oder gar contra legem erheblich eingeschränkt worden. Das wird zwar vielfach nicht zugestanden, und man nimmt zu allerlei merkwürdigen Hilfskonstruktionen Zuflucht. Doch zeigt die Entwicklung gerade auch hier mehr als deutlich, wie sich die Zurechnungsstrukturen erkannt oder unerkannt durchsetzen.

In Österreich und in der Schweiz gehen die Strafgesetze von ähnlichen Vorstellungen aus wie in Deutschland. Auch dort wird der Täter nominell nicht wegen der im selbstverschuldeten Defektzustand begangenen rechtswidrigen Tat bestraft, sondern, falls er während eines Defekts eine rechtswidrige Tat begeht, für die zurechenbare Herbeiführung des Defektzustandes[63]. Im Gegensatz zum deutschen Gesetzesrecht gibt es in der Schweiz allerdings für die Fälle des defectus affectatus eine gesetzliche Vorschrift, die jene Fälle aus-

---

[62] Vgl. dazu Hruschka a. a. O. (Fußn. 40) und Hruschka, Der Begriff der actio libera in causa und die Begründung ihrer Strafbarkeit, in: Juristische Schulung 1968 S. 554 ff., jeweils mit Nachweisen.

[63] Vgl. § 11 in Verb. m. § 287 öStGB und Art. 10 in Verb. m. Art. 263 schwStGB.

drücklich aus dem Anwendungsbereich der gesetzlichen Entschuldigungsregel ausnimmt[64]. Damit stellen sich in der Schweiz manche Fragen nicht, die sich in Deutschland stellen. Österreich hatte bis vor kurzem eine ähnliche gesetzliche Regelung wie die Schweiz, doch ist die Ausnahmevorschrift für die Fälle des defectus affectatus inzwischen ersatzlos gestrichen worden[65]. Das dürfte nicht unerhebliche Probleme aufwerfen, kann man sich doch angesichts dieser Entwicklung in Österreich – anders als in Deutschland – nicht einmal mehr auf ein derogierendes Gewohnheitsrecht berufen.

Es ist hier nicht der Ort, Lösungen für die Probleme anzubieten, die das Gesetzesrecht sich selbst geschaffen hat. Das Strafrecht der meisten Staaten hält sich ohnehin – mehr oder weniger – an die aufgewiesenen Zurechnungsstrukturen[66]. Es ist jedoch kein Zufall, daß die gesetzliche Bestimmung, nach der ein Defekttäter nicht wegen seiner Tat, sondern wegen der zurechenbaren Herbeiführung des Defektzustandes bestraft wird, – jedenfalls in Deutschland – besonders stark umstritten ist. Das Problem wird dabei unter dem Stichwort erörtert, ob eine solche Vorschrift mit dem „Schuldprinzip" in Übereinstimmung gebracht werden kann[67]. Nun ist es schon sehr fraglich, ob mit diesem Prinzip überhaupt zu arbeiten ist. Soweit es den ontologischen Schuldbegriff voraussetzt – und das scheint so zu sein –, ist das deswegen nicht möglich, weil der ontologische Schuldbegriff einer Kritik nicht standhält. Doch kann das hier dahingestellt bleiben. Die Regelung des heutigen deutschen, österreichischen und schweizerischen

---

64 Art. 12 schwStGB.

65 Bis zum 31. 12. 1974 § 2 lit. c öStG, eine Bestimmung, die im neuen öStGB keinen Nachfolger gefunden hat.

66 Vgl. dazu v. Weber, Die strafrechtliche Verantwortlichkeit für die Rauschtat, in: Festschrift für Stock, 1966, S. 59 ff., 64 ff.

67 Vgl. Kaufmann a. a. O. (Fußn. 46). Kaufmann ist durch Lackner, Vollrausch und Schuldprinzip, in: Juristische Schulung 1968 S. 215 ff., nicht widerlegt worden, stützt sich doch Lackner seinerseits letztlich auf eine Entscheidung des Bundesgerichtshofs (BGHSt 10, 259), die ihrerseits gerade im Hinblick auf das „Schuldprinzip" höchst umstritten ist. Es sind nur grundsätzliche Überlegungen zum Begriff der Schuld, die Kaufmann widerlegen können.

Strafrechts wird man jedenfalls nur unter zwei alternativen Prämissen angreifen können. Entweder man nimmt bereits die Falschetikettierung als solche als einen so groben Fehler, daß man die Regelung schon ihretwegen als im Widerspruch stehend ansieht zu allgemeinen vom Strafrecht zu beachtenden Prinzipien, welche das auch immer sein mögen. Doch wäre das nicht sonderlich plausibel. Oder aber, man hält die durch die Falschetikettierung, wenn auch versteckt, vorgenommene Zurechnung der im zurechenbaren Defektzustande begangenen Taten für nicht akzeptabel. Aber auch diese Alternative läßt sich angesichts der aufgewiesenen Zurechnungsstrukturen im Ergebnis nicht halten.

Ein weiteres Argument kommt hinzu. Wer die Regelung des deutschen Strafgesetzbuchs unter Annahme der zweiten Alternative angreifen will, muß sich über die daraus folgenden Konsequenzen im klaren sein, gibt es doch analog konstruierte Zurechnungsregeln, die auch im Strafgesetzbuch längst anerkannt sind. Denn nach dem deutschen Strafgesetzbuch werden, wie dargestellt, nicht nur die Taten zugerechnet, bei denen der Täter das Unrecht seiner Tat kennt, sondern auch solche, bei denen er das Unrechtsbewußtsein nicht hat, dieser Mangel aber für ihn vermeidbar war; und es werden nicht nur die Taten zugerechnet, bei denen der Täter ohne Not handelt, sondern auch solche, bei denen er in einem Notstand handelt, dieser Notstand aber ihm selber zugerechnet werden muß. Jeder Widerspruch gegen die explizite oder implizite Zurechnung der in einem zurechenbaren Defektzustand begangenen Taten stellt damit auch die Zurechnung der in einer zurechenbaren Unkenntnis des Unrechts und die Zurechnung der in einem zurechenbaren Notstand begangenen Taten in Frage, es sei denn, es ließen sich besondere sachliche Gründe gegen eine Gleichbehandlung dieser offensichtlich analogen Fallgruppen finden. Solche Gründe sind aber nicht ersichtlich, und sie ergeben sich vor allem auch nicht daraus, daß man in einer fragwürdigen Terminologie den Defektzustand, auch den zurechenbar herbeigeführten, bereits als „Zustand der Zurechnungsunfähigkeit“ oder neuerdings als „Zustand der

Schuldunfähigkeit“ zu bezeichnen pflegt. Diese Terminologie ist kurzschlüssig, weil mit ihr bereits die Entscheidung darüber gefallen ist, daß auch der zurechenbar herbeigeführte Defektzustand die Nichtzurechnung der Tat nach sich zieht, es aber gerade um die Richtigkeit dieser Entscheidung geht. Man vergißt heute leider allzu leicht, daß die „Zurechnungsfähigkeit“ (oder „Schuldunfähigkeit“) nicht identisch ist mit einem „Krankheitszustand“, in dem ein Subjekt sich befindet, sondern daß sie eine Rechtsfolge ist, die an irgendwelche Defektzustände anknüpft, fraglich aber an welche, insbesondere ob auch an jene, die der Täter zurechenbar bewirkt hat[68]. Bei aller Fragwürdigkeit der Fehletikettierung wird man daher die beschriebene gesetzliche Bestimmung über den Defekttäter akzeptieren müssen; allenfalls wird man auf eine Neuformulierung des Gesetzes drängen können, die den aufgewiesenen Strukturen angemessener ist als die heute gültigen Bestimmungen.

[68] Ein Fehler, den auch ich gemacht habe, etwa in den oben Fußn. 62 zitierten Beiträgen. Es ist schwer, sich eingeübten Sprechweisen zu entziehen.

Bei Fragen zur Produktsicherheit wenden Sie sich bitte an:
If you have any questions regarding product safety,
please contact:

Walter de Gruyter GmbH
Genthiner Straße 13
10785 Berlin
productsafety@degruyterbrill.com